Konsum neu denken

Oliver Hoffmann

Konsum neu denken

Wie Sie die Kontrolle über Ihr Konsumverhalten zurückgewinnen

Oliver Hoffmann
Zürich, Schweiz

ISBN 978-3-662-70916-0   ISBN 978-3-662-70917-7   (eBook)
https://doi.org/10.1007/978-3-662-70917-7

Die Deutsche Nationalbibliothek verzeichnet diese Publikation in der Deutschen Nationalbibliografie; detaillierte bibliografische Daten sind im Internet über https://portal.dnb.de abrufbar.

© Der/die Herausgeber bzw. der/die Autor(en), exklusiv lizenziert an Springer-Verlag GmbH, DE, ein Teil von Springer Nature 2025

Das Werk einschließlich aller seiner Teile ist urheberrechtlich geschützt. Jede Verwertung, die nicht ausdrücklich vom Urheberrechtsgesetz zugelassen ist, bedarf der vorherigen Zustimmung des Verlags. Das gilt insbesondere für Vervielfältigungen, Bearbeitungen, Übersetzungen, Mikroverfilmungen und die Einspeicherung und Verarbeitung in elektronischen Systemen.
Die Wiedergabe von allgemein beschreibenden Bezeichnungen, Marken, Unternehmensnamen etc. in diesem Werk bedeutet nicht, dass diese frei durch jede Person benutzt werden dürfen. Die Berechtigung zur Benutzung unterliegt, auch ohne gesonderten Hinweis hierzu, den Regeln des Markenrechts. Die Rechte des/der jeweiligen Zeicheninhaber*in sind zu beachten.
Der Verlag, die Autor*innen und die Herausgeber*innen gehen davon aus, dass die Angaben und Informationen in diesem Werk zum Zeitpunkt der Veröffentlichung vollständig und korrekt sind. Weder der Verlag noch die Autor*innen oder die Herausgeber*innen übernehmen, ausdrücklich oder implizit, Gewähr für den Inhalt des Werkes, etwaige Fehler oder Äußerungen. Der Verlag bleibt im Hinblick auf geografische Zuordnungen und Gebietsbezeichnungen in veröffentlichten Karten und Institutionsadressen neutral.

Planung/Lektorat: Marion Krämer
Springer ist ein Imprint der eingetragenen Gesellschaft Springer-Verlag GmbH, DE und ist ein Teil von Springer Nature.
Die Anschrift der Gesellschaft ist: Heidelberger Platz 3, 14197 Berlin, Germany

Wenn Sie dieses Produkt entsorgen, geben Sie das Papier bitte zum Recycling.

Fünf Fakten zum Thema Konsumsucht

1. **Übermäßiger Konsum und Schulden**
Laut der Bundeszentrale für gesundheitliche Aufklärung (BZgA) und dem iff (Institut für Finanzdienstleistungen) gibt es alarmierende Zahlen zur Überschuldung in Deutschland. Etwa 18,4 % der deutschen Bevölkerung sind 2023 aufgrund von Suchtverhalten, darunter auch Kaufsucht, überschuldet. Besonders betroffen sind Alleinlebende, die durchschnittlich mit 30.000 € verschuldet sind.[1]
2. **Steigende Kaufsucht weltweit**
Weltweit leiden zwischen 5 % und 8 % der Menschen an Kaufsucht oder zeigen problematisches Kaufverhalten; die Dunkelziffer mag noch höher liegen, da das Thema nach wie vor entweder normalisiert wird oder mit starken Scham- und Schuldgefühlen belegt ist. Diese Sucht trifft besonders häufig jüngere Menschen und Frauen, die durch digitale Medien besonders stark beeinflusst werden.[2]
3. **Luxusgüter und Statuskonsum**
Der Markt für Luxusgüter erreichte 2023 einen Rekordwert von 1,4 Billionen US-Dollar. Der Großteil dieses Wachstums wird von Konsumenten getrieben, die Luxusgüter nicht aus praktischem Bedarf, sondern zur Demonstration ihres sozialen Status kaufen. Dieses „demonstrative Konsumverhalten" hat in den letzten Jahrzehnten erheblich zugenommen.[3]

---

[1] IFF-Überschuldungsreport 2023.
[2] MHH (2021): Kaufsucht: Auf dem Weg zur anerkannten Krankheit.
[3] BZgA. (2023): Kaufsucht und Schulden: Wenn Konsum zur Krankheit wird.

4. **Psychische Belastung durch Konsumsucht**
Nach einer Studie der American Psychological Association (APA) leiden über 80 % der Kaufsüchtigen gleichzeitig unter Depressionen, Angststörungen oder anderen psychischen Erkrankungen. Konsumsucht wird oft als Bewältigungsstrategie für negative Emotionen eingesetzt, was jedoch zu einem Teufelskreis führt.[4]

5. **Die Macht des Online-Konsums**
Im Jahr 2023 gaben 82 % der deutschen Bevölkerung im Alter zwischen 16 und 74 Jahren an, im Internet eingekauft zu haben. „Buy now, pay later"-Modelle fördern unkontrollierten Konsum und Schulden, da sie die Trennung zwischen Kaufentscheidung und tatsächlicher Zahlung verwischen.[5]

---

[4] American Psychological Association (APA) (2021): The impact of compulsive buying on mental health.
[5] AOK (2023): Kaufsucht und Online-Shopping.

Inhaltsverzeichnis

1	**Einleitung**	1
	1.1 Warum dieses Buch?	3
	1.2 Ist Konsum wirklich eine Sucht?	5
	1.3 Was erwartet Sie in diesem Ratgeber?	10
	1.4 Hinweise zu den praktischen Übungen	12
	Literatur	13
2	**Konsum- und Luxussucht verstehen**	15
	2.1 Was ist Konsumsucht – und wie unterscheidet sie sich von Luxussucht?	17
	2.2 Die Psychologie hinter der Kaufsucht: Emotionen, Status und Bedürfnisbefriedigung	23
	2.3 Konsum als Ersatz: Wenn Kaufen die Seele füllen soll	29
	Literatur	33
3	**Selbstdiagnose und Reflexion**	35
	3.1 Bin ich gefährdet? Erste Anzeichen von Konsumproblemen	36
	3.2 Warum kaufen wir, was wir kaufen? Eine Selbsteinschätzung	38
	3.3 Checklisten zur Erkennung von Konsum- und Luxussucht	40
	Literatur	43
4	**Die Ursachen der Sucht**	45
	4.1 Persönlichkeitsmerkmale und individuelle Risikofaktoren	46
	4.2 Der Einfluss von Werbung, sozialen Medien und digitalem Konsum	52

	4.3	Wie Gesellschaft und Kultur unsere Konsumgewohnheiten prägen	58
		Literatur	63
5	**Der Weg aus der Konsumfalle**	65
	5.1	Achtsamkeit als Schlüssel: Wie Sie sich selbst und Ihre Bedürfnisse wahrnehmen	66
	5.2	Strategien zur Kontrolle von Impulskäufen	69
	5.3	Finanzielle Ordnung schaffen: Den Überblick zurückgewinnen	74
		Literatur	79
6	**Neue Lebensstile entdecken**	81
	6.1	Minimalismus: Weniger Besitz, mehr Leben	82
	6.2	Nachhaltiger Konsum: Wie bewusstes Einkaufen glücklich machen kann	84
	6.3	Der Weg zu einem ausgewogenen Verhältnis von Haben und Sein	86
		Literatur	89
7	**Langfristige Veränderung**	91
	7.1	Wie Sie Ihr Konsumverhalten nachhaltig verändern	92
	7.2	Der Umgang mit Rückfällen: Aus Fehlern lernen	96
	7.3	Aufbau eines selbstbestimmten Lebens jenseits der Konsumsucht	100
		Literatur	105
8	**Abschluss: Ein bewusster Umgang mit Konsum**	107
	8.1	Was bedeutet es, frei von Konsumsucht zu sein?	108
	8.2	Reflexion und Ausblick: Ihr Leben neu gestalten	110
		Literatur	113
9	**Hilfreiche Ressourcen und weiterführende Unterstützung**	115
	9.1	Literaturtipps	115
	9.2	Checklisten	117
	9.3	Praktische Übungen	126
		9.3.1 Übung 1: Achtsamkeit im Kaufverhalten stärken	126
		9.3.2 Übung 2: Analyse des eigenen Konsumverhaltens	129
		9.3.3 Übung 3: Reflexion des konkreten Konsumverhaltens	130

9.3.4	Übung 4: Reflexion der persönlichen Konsumauslöser	132
9.3.5	Übung 5: Kaufimpulse bewusst hinterfragen	133
9.3.6	Übung 6: Die „Impulse unterbrechen-Strategie"	134
9.3.7	Übung 7: Finanzielle Reflexion und Zielsetzung	135
9.3.8	Übung 8: Das Konsum- und Werte-Tagebuch	137
9.3.9	Übung 9: Werte reflektieren und Prioritäten setzen	138
9.3.10	Übung 10: Gestalten Sie Ihre persönliche Lebensvision	139

Nachwort   141

1

Einleitung

Zusammenfassung Die Einleitung des Buches verdeutlicht, dass Konsum mehr ist als nur ein Mittel zur Bedürfnisbefriedigung – er ist ein integraler Bestandteil unseres Selbstverständnisses, unserer sozialen Beziehungen und kulturellen Identität. In einer Welt, in der Werbung und soziale Medien unseren Konsumalltag dominieren, wird die Reflexion über Konsumgewohnheiten umso wichtiger. Konsumsucht wird als ernsthafte Problematik beleuchtet, die nicht nur individuelle, sondern auch gesellschaftliche Ursachen hat. Dabei wird Konsum als kulturell normiertes Verhalten verstanden, das Identität, Status und Gruppenzugehörigkeit prägt. Die Einleitung stellt klar, dass Konsumgewohnheiten nicht nur auf individuelle Entscheidungen zurückzuführen sind, sondern durch soziale und wirtschaftliche Strukturen gefördert werden. Der Ratgeber soll den Leser dabei unterstützen, kritischer über sein eigenes Konsumverhalten nachzudenken und praktische Strategien zur Veränderung zu entwickeln.

Konsum durchdringt alle Bereiche unseres Lebens. Er prägt nicht nur unser individuelles Verhalten, sondern auch unsere sozialen Beziehungen, kulturellen Normen und gesellschaftlichen Strukturen. Was wir kaufen, wie wir konsumieren und welchen Wert wir Dingen beimessen, sind zentrale Fragen, die nicht nur ökonomische, sondern auch psychologische Dimensionen umfassen. In einer Zeit, in der Werbung, soziale Medien und wirtschaftliche Anreize uns unaufhörlich dazu drängen, mehr zu besitzen und mehr zu konsumieren, ist die Reflexion über unser Konsumverhalten relevanter denn je.

Dieses Buch geht der Frage nach, warum Konsum für viele Menschen weit mehr ist als der bloße Erwerb von Gütern zur Bedürfnisbefriedigung. Es analysiert die psychologischen Mechanismen, die hinter unserem Konsumverhalten liegen, und zeigt, wie tief diese mit grundlegenden menschlichen Bedürfnissen wie Zugehörigkeit, Anerkennung und Identität verwoben sind. Gleichzeitig wird beleuchtet, wie externe Faktoren wie Marketingstrategien, kulturelle Narrative und technologische Entwicklungen gezielt darauf abzielen, unsere Entscheidungen zu beeinflussen und unsere Konsummuster zu formen.

Ein besonderer Fokus liegt auf dem gesellschaftlichen Phänomen der Konsumsucht – einem Zustand, in dem der Drang zu konsumieren, nicht mehr rational oder kontrolliert abläuft, sondern von inneren Zwängen und emotionalen Bedürfnissen getrieben wird. Konsumsucht wird hier nicht nur als individuelles Problem betrachtet, sondern als Symptom einer Gesellschaft, die in vielerlei Hinsicht auf Überfluss und ständige Verfügbarkeit ausgerichtet ist. Dabei wird deutlich, dass das Problem nicht allein im individuellen Verhalten liegt, sondern in einem System, das Konsum zur zentralen Maxime erhebt.

Doch dieses Buch bleibt nicht bei der Analyse stehen. Es bietet konkrete Ansätze, um den eigenen Konsum kritisch zu hinterfragen, Gewohnheiten zu ändern und ein bewussteres Leben zu führen. Dabei wird der Leser eingeladen, die eigene Beziehung zu Besitz und Konsum neu zu definieren. Es geht nicht darum, den Konsum per se zu verteufeln, sondern darum, ihn in ein Gleichgewicht zu bringen, das persönliche Zufriedenheit und gesellschaftliche Verantwortung miteinander verbindet.

Mit einer Kombination aus wissenschaftlichen Erkenntnissen, praktischen Übungen und reflektierenden Fragen ist dieses Buch sowohl ein theoretischer Leitfaden als auch ein praktisches Werkzeug. Es richtet sich an alle, die das Gefühl haben, dass ihr Konsumverhalten sie überfordert, an diejenigen, die ihre Entscheidungen bewusster treffen möchten, und an jene, die nach einer nachhaltigeren Lebensweise suchen. Es ist ein Aufruf, die Kontrolle über die eigenen Entscheidungen zurückzugewinnen und eine neue, selbstbestimmte Perspektive auf Konsum und Besitz zu entwickeln. Denn der erste Schritt zur Veränderung beginnt mit der Erkenntnis, dass wir mehr sind als das, was wir besitzen.

1.1 Warum dieses Buch?

> In diesem Abschnitt erfahren Sie, warum es wichtig ist, sich mit dem Thema Konsumsucht auseinanderzusetzen und welche grundlegenden Fragen dieses Buch zu beantworten sucht.

Konsumsucht ist kein Thema, das sich auf einzelne Individuen beschränkt. Sie ist ein Spiegel unserer Zeit, ein Symptom und gleichzeitig ein Motor unserer modernen Gesellschaft. In einer Welt, in der Konsum zum bestimmenden Faktor für Identität, Status und sogar persönliches Glück geworden ist, scheint es paradox, über Konsumsucht zu sprechen – denn der Akt des Konsumierens ist gesellschaftlich hoch angesehen, ja fast schon gefordert. Doch gerade in dieser vermeintlichen Normalität liegt die Gefahr: Konsumsucht wird selten als Problem erkannt, weil sie tief in die Strukturen eingebettet ist, die unser Leben definieren. Warum also dieses Buch? Weil es an der Zeit ist, den Schleier zu lüften und uns mit den psychologischen, sozialen und ökonomischen Mechanismen auseinanderzusetzen, die diese Sucht nicht nur ermöglichen, sondern aktiv vorantreiben.

Die moderne Welt konfrontiert uns mit einer ständigen Flut von Produkten, Werbebotschaften und sozialen Medien, die uns unablässig dazu ermutigen, mehr zu kaufen, mehr zu besitzen und unser Glück in den endlosen Regalen des Konsummarktes zu suchen. Konsum ist nicht länger nur ein Akt der Bedarfsdeckung, sondern hat sich zu einem zentralen Mittel der Selbstinszenierung und sozialen Abgrenzung entwickelt. Doch dieser Prozess ist keineswegs harmlos. Studien zeigen, dass bis zu acht Prozent der Menschen ein problematisches Kaufverhalten aufweisen, das in schweren Fällen zu Überschuldung, sozialer Isolation und psychischen Erkrankungen führt (Köhler, 2020). Konsumsucht ist nicht nur eine individuelle Krise, sondern auch eine gesellschaftliche, die unser ökonomisches und ökologisches Gleichgewicht bedroht.

Stellen Sie sich vor, Sie gehen in ein Kaufhaus und kaufen eine neue Jacke, die Sie nicht brauchen, aber die Ihnen für einen kurzen Moment das Gefühl gibt, jemand anderes zu sein – erfolgreicher, attraktiver oder einfach glücklicher. Dieses Hochgefühl verfliegt schnell, doch der Drang bleibt. Immer wieder suchen Menschen nach dieser kurzfristigen Befriedigung, einem schnellen Glückskick, den das Kaufen verspricht, doch selten hält, was es verspricht. Der Mechanismus dahinter ist erschreckend effektiv: Das Belohnungssystem unseres Gehirns reagiert auf den Kaufakt mit der

Ausschüttung von Dopamin, einem Neurotransmitter, der Glück und Zufriedenheit vermittelt (Schmidt, 2019). Doch dieser Effekt ist flüchtig, und schon bald setzt ein Verlangen nach mehr ein – ein Teufelskreis, der sich spiralförmig verstärkt.

Ein praxisnahes Beispiel verdeutlicht, wie tiefgreifend diese Mechanismen sind. Eine junge Frau, nennen wir sie Anna, berichtet von ihrer Erfahrung mit Online-Shopping. Anfangs kaufte sie nur gelegentlich Kleidung oder Accessoires, doch mit der Zeit entwickelte sie eine regelrechte Sucht. Sie begann, täglich Stunden in Online-Shops zu verbringen, oft bis tief in die Nacht. Ihre Kreditkartenabrechnungen wurden immer höher, und sie begann, ihre Einkäufe vor Freunden und Familie zu verstecken. „Es war, als ob ich Kontrolle über mein Leben verliere", beschreibt Anna. Ihr Fall ist kein Einzelfall, sondern ein typisches Beispiel für die Dynamik der Konsumsucht: Ein kurzfristiges Hochgefühl, gefolgt von Schuld und Verzweiflung.

> **Wichtig**
>
> Konsumsucht ist nicht allein ein individuelles Versagen, sondern Ausdruck gesellschaftlicher Zwänge und ökonomischer Strukturen. Dies zu erkennen, ist der erste Schritt zur Veränderung.

Dieses Buch möchte nicht nur ein weiteres Werk sein, das auf die Schattenseiten des Konsumismus hinweist, sondern vielmehr ein Werkzeug, um einen nachhaltigen Wandel anzustoßen. Konsumsucht ist keine isolierte Problematik, sondern ein Phänomen, das tief in unserer Psyche, unseren sozialen Strukturen und den Mechanismen der modernen Wirtschaft verwurzelt ist. Sie entsteht nicht im Vakuum, sondern wird durch gezielte Manipulation verstärkt: durch Werbung, die Bedürfnisse weckt, die wir nie hatten, durch soziale Medien, die ein unerreichbares Ideal von Wohlstand und Glück suggerieren, und durch eine Kultur, die Status und Identität über Besitz definiert.

Doch Konsumsucht ist mehr als nur das Anhäufen von Gegenständen. Sie ist ein Ausdruck von Leere, Unsicherheit und der Suche nach Bedeutung. Menschen kaufen nicht nur Produkte – sie kaufen Versprechen: das Versprechen von Zugehörigkeit, Anerkennung, Kontrolle oder sogar von Liebe. Dieses Buch setzt genau hier an und lädt Sie ein, die Psychologie hinter diesen Dynamiken zu verstehen. Es zeigt, warum uns der Kauf von Dingen kurzfristig glücklich macht, uns aber langfristig oft leerer zurücklässt.

Im Laufe der Abschnitte werden Sie tief in die Strukturen des Konsumismus eintauchen. Sie werden verstehen, wie unser Gehirn auf Werbebotschaften reagiert, warum soziale Vergleiche den Drang nach mehr anfeuern und wie Konsumismus als Form von Ablenkung vor emotionalen Herausforderungen genutzt wird. Gleichzeitig werden praktische Übungen und Strategien vorgestellt, die Sie dabei unterstützen, Ihre eigenen Konsummuster zu hinterfragen und neu zu gestalten.

Achtsamkeit spielt dabei eine zentrale Rolle. Indem Sie Ihre Emotionen, Impulse und Entscheidungsprozesse bewusster wahrnehmen, können Sie lernen, wieder Kontrolle über Ihre Handlungen zu gewinnen. Dieses Buch zeigt, wie Sie Konsumkompetenz entwickeln können: die Fähigkeit, bewusst zu entscheiden, was Sie wirklich brauchen, und sich von dem zu lösen, was nur kurzfristige Befriedigung verspricht. Dazu gehören Techniken zur Reflexion, Methoden zur Reduktion äußerer Einflüsse und konkrete Schritte, um Konsumverhalten nachhaltig zu verändern.

Der Weg aus der Konsumfalle ist kein einfacher, aber er ist möglich. Es beginnt mit der Einsicht, dass echter Wert nicht in Dingen liegt, sondern in Erfahrungen, Beziehungen und persönlichem Wachstum. Dieses Buch gibt Ihnen Werkzeuge an die Hand, um diese Einsicht in die Praxis umzusetzen und Ihre Beziehung zu Besitz und Konsum grundlegend zu überdenken. Dabei wird deutlich, dass es nicht nur um persönlichen Gewinn geht. Indem Sie Ihren Konsum überdenken, leisten Sie auch einen Beitrag zu einer gerechteren und nachhaltigeren Welt.

Am Ende dieses Buches werden Sie nicht nur verstehen, warum Sie konsumieren, sondern auch, wie Sie die Freiheit gewinnen können, weniger zu konsumieren – und dabei mehr zu leben.

Zusammengefasst

Dieser Abschnitt hat dargelegt, warum Konsumsucht ein zentrales Thema unserer Zeit ist und warum es notwendig ist, sich mit ihren Ursachen und Folgen auseinanderzusetzen. Mit diesem Buch möchte ich einen neuen Blickwinkel eröffnen und praktische Wege zur Überwindung aufzeigen.

1.2 Ist Konsum wirklich eine Sucht?

In diesem Abschnitt lernen Sie, was Konsumsucht von anderen Suchtformen unterscheidet und warum sie oft verharmlost wird, obwohl sie tiefgreifende Auswirkungen auf das individuelle und gesellschaftliche Leben hat.

Ein tieferes Verständnis der Konsumsucht erfordert einen Blick auf die zugrunde liegenden psychologischen Mechanismen und gesellschaftlichen Dynamiken, die dieses Verhalten begünstigen. Konsumsucht ist keine isolierte Erscheinung, sondern steht in enger Verbindung mit emotionalen, kognitiven und sozialen Faktoren. Viele Betroffene berichten, dass der Akt des Kaufens ein Mittel zur Bewältigung von Stress, Einsamkeit oder innerer Leere ist. Der Kaufakt hat sich in modernen Konsumgesellschaften zu weit mehr entwickelt als einem einfachen Mittel zur Befriedigung von Bedürfnissen. Stattdessen erfüllt er häufig eine symbolische Funktion, die tief in unseren psychologischen Mechanismen verwurzelt ist. Wir kaufen nicht nur, um etwas zu besitzen oder zu nutzen, sondern weil wir eine emotionale und gedankliche Projektion mit dem erworbenen Objekt verbinden. Diese Projektion kann das Versprechen von Glück, sozialer Anerkennung oder persönlicher Verbesserung beinhalten. Doch diese Vorstellung bleibt oft eine Illusion.

In Momenten emotionaler Belastung oder innerer Leere dient der Kaufakt als kurzfristige Strategie, um negative Gefühle zu kompensieren. Stress, Einsamkeit, Frustration oder Selbstzweifel können durch den scheinbaren Trost eines neuen Objekts für einen Moment gemildert werden. Dieser Vorgang wird häufig durch Werbebotschaften verstärkt, die Produkte mit Idealen wie Erfolg, Schönheit oder Lebensfreude verknüpfen. Ein bestimmter Gegenstand wird in diesem Kontext zu einem Symbol für das, was man im Leben vermeintlich erreichen möchte.

Das Problem liegt jedoch in der Flüchtigkeit dieser Erleichterung. Die Freude über den Erwerb ist oft nur von kurzer Dauer und wird schnell von Gefühlen wie Schuld, Scham oder Frustration abgelöst. Diese negativen Emotionen entstehen aus der Diskrepanz zwischen den hohen Erwartungen, die an den Kauf geknüpft wurden, und der Realität, dass das Objekt diese Erwartungen nicht erfüllen konnte. Dieses emotionale Ungleichgewicht kann wiederum dazu führen, dass ein erneuter Kauf als Lösung erscheint, wodurch ein Teufelskreis entsteht.

Dieser Kreislauf süchtigen Verhaltens wird durch die Art und Weise verstärkt, wie unser Gehirn auf Konsum reagiert. Neurowissenschaftliche Studien zeigen, dass der Kaufakt das Belohnungssystem aktiviert, insbesondere die Ausschüttung von Dopamin, einem Neurotransmitter, der mit Freude und Motivation assoziiert wird. Doch sobald der Kauf abgeschlossen ist und der erste Dopaminrausch nachlässt, tritt ein emotionaler Rückgang ein, der das Bedürfnis nach einer neuen Quelle der Belohnung auslösen kann. Auf diese Weise verfestigt sich das süchtige Konsumverhalten.

Die psychologischen Mechanismen, die Konsumsucht aufrechterhalten, ähneln jenen, die in der klassischen Suchtforschung beschrieben werden. Das Gehirn lernt, den Kaufakt mit einem Belohnungsgefühl zu verknüpfen, und dieser konditionierte Reiz wird zunehmend zur treibenden Kraft hinter dem Verhalten. Gleichzeitig nimmt die Fähigkeit zur Selbstkontrolle ab, da die neurobiologischen Prozesse, die für Impulskontrolle und Entscheidungsfindung zuständig sind, durch das wiederholte süchtige Verhalten beeinträchtigt werden. Dieser Kontrollverlust ist ein zentraler Indikator dafür, dass Konsumsucht weit über eine einfache Schwäche oder mangelnde Disziplin hinausgeht.

Was Konsumsucht jedoch besonders macht, ist ihr kultureller Kontext. In einer Welt, die von Werbung, sozialen Medien und einem nahezu unbegrenzten Angebot an Waren geprägt ist, wird der Konsum als alltägliche Norm dargestellt. Werbung suggeriert, dass Glück, Zufriedenheit und sozialer Status durch den Besitz bestimmter Produkte erreicht werden können. Dieser soziale Druck verstärkt die Verhaltensweisen von Menschen, die bereits anfällig für süchtige Muster sind, und erschwert es ihnen, sich von diesen Einflüssen zu lösen. Ein weiterer Faktor, der die Konsumsucht verstärkt, ist die zunehmende Digitalisierung des Konsums. Online-Shopping-Plattformen und personalisierte Algorithmen schaffen eine Umgebung, die darauf ausgelegt ist, Impulskäufe zu fördern. Durch gezielte Empfehlungen und einfache Zahlungsmethoden wird der Kaufprozess so reibungslos gestaltet, dass er kaum noch bewusste Entscheidungen erfordert. Für Menschen, die bereits eine Tendenz zur Konsumsucht zeigen, bietet diese digitale Umgebung nahezu perfekte Bedingungen, um ihr Verhalten zu intensivieren. Die gesellschaftlichen Konsequenzen von Konsumsucht sind ebenso gravierend wie die individuellen. Neben der finanziellen Belastung, die oft mit Verschuldung einhergeht, führt exzessiver Konsum auch zu ökologischen Problemen. Der unaufhörliche Drang nach neuen Produkten trägt wesentlich zur Übernutzung natürlicher Ressourcen und zur Verschmutzung der Umwelt bei. Konsumsucht ist daher nicht nur ein individuelles, sondern auch ein systemisches Problem, das eine ganzheitliche Betrachtung und Lösung erfordert.

Eine kritische Auseinandersetzung mit Konsumsucht erfordert, dass wir sowohl die psychologischen Grundlagen als auch die gesellschaftlichen Strukturen, die dieses Verhalten fördern, hinterfragen. Der erste Schritt besteht darin, Konsumsucht als ernsthafte Problematik anzuerkennen, die nicht durch einfache Appelle zur Selbstkontrolle gelöst werden kann. Vielmehr bedarf es eines Ansatzes, der sowohl die individuelle Psyche als auch die gesellschaftlichen Rahmenbedingungen berücksichtigt. Nur durch eine Kombination aus psychologischer Unterstützung, Bildung und politischem Handeln können wir den Kreislauf der Konsumsucht durchbrechen und den Weg zu einem bewussteren, nachhaltigeren Lebensstil ebnen.

Ein besonders deutliches Beispiel für die Normalisierung der Konsumsucht findet sich im Bereich des Online-Shoppings. Plattformen wie Amazon oder Zalando machen es so einfach wie nie zuvor, Waren zu erwerben. Die ständige Verfügbarkeit, personalisierte Empfehlungen und „Buy now, pay later"-Modelle fördern impulsives Kaufverhalten und verschärfen die Abhängigkeit. Ein junger Mann, nennen wir ihn Tobias, schilderte mir seine Erfahrung mit solchen Plattformen: „Ich habe angefangen, fast jeden Tag etwas zu bestellen. Es war so einfach, und es fühlte sich jedes Mal wie eine kleine Belohnung an. Doch am Ende des Monats war ich immer erschrocken, wie viel Geld ich ausgegeben hatte." Tobias' Geschichte ist kein Einzelfall. Sie illustriert, wie die Kombination aus technologischer Verfügbarkeit und psychologischen Mechanismen zu einem Teufelskreis führen kann, der schwer zu durchbrechen ist.

> Zu beachten: Konsumsucht wird oft bagatellisiert, weil sie in den Kontext eines akzeptierten und sogar geförderten Verhaltens eingebettet ist. Dies macht es umso wichtiger, Bewusstsein für ihre Risiken zu schaffen.

Ein weiterer entscheidender Faktor, der zur Verharmlosung der Konsumsucht beiträgt, ist ihr vermeintlich harmloser Charakter. Anders als bei Alkohol- oder Drogensucht sind die direkten physischen Schäden oft nicht offensichtlich. Doch die langfristigen Folgen können ebenso verheerend sein: Überschuldung, soziale Isolation und psychische Erkrankungen wie Depressionen und Angststörungen sind nur einige der Risiken. Darüber hinaus hat die Konsumsucht tiefgreifende Auswirkungen auf die Umwelt, da sie zu einer immer weiter eskalierenden Nachfrage nach Ressourcen und zur Produktion von Abfall beiträgt. Die ökologische Dimension der Konsumsucht wird jedoch oft ignoriert, da der Fokus auf individuellen Konsequenzen liegt.

Warum wird Konsumsucht also so häufig verharmlost? Ein Grund liegt in der tiefen Verankerung des Konsumismus in unserer Gesellschaft. Werbung und soziale Medien propagieren ein Bild, in dem Konsum nicht nur als normal, sondern als erstrebenswert dargestellt wird. Der Besitz von Gütern wird gleichgesetzt mit Erfolg, Glück und sozialer Anerkennung. Diese kulturelle Überhöhung des Konsums macht es schwer, die Grenze zwischen gesundem

Kaufverhalten und süchtigem Konsum zu ziehen. Hinzu kommt, dass viele Betroffene ihre Sucht nicht als solche erkennen, da sie in einem gesellschaftlichen Umfeld agieren, das exzessives Kaufen fördert und belohnt.

> **Hinweis auf Übung 1**
>
> In Abschn. 9.3.1 „Achtsamkeit im Kaufverhalten stärken" finden Sie eine erste praktische Übung, die Ihnen dabei hilft, Ihre Kaufimpulse bewusster wahrzunehmen und zu reflektieren. Diese Übung unterstützt Sie dabei, emotionale Auslöser für impulsives Kaufverhalten zu identifizieren und alternative Strategien zu entwickeln, um langfristig ein gesünderes Konsummuster zu etablieren.

Um die Dynamik der Konsumsucht besser zu verstehen, hilft ein Blick auf ihre psychologischen Mechanismen. Ein zentraler Aspekt ist das Konzept der hedonischen Anpassung, das beschreibt, wie schnell Menschen sich an neue Besitztümer gewöhnen und dadurch den Wunsch nach noch mehr Gütern entwickeln (Frederick & Loewenstein, 1999). Dieser Mechanismus treibt den ständigen Kreislauf des Kaufens an und verstärkt die Abhängigkeit. Hinzu kommt die Rolle sozialer Vergleiche: In einer Welt, in der soziale Medien ständigen Einblick in das Leben anderer bieten, entsteht ein enormer Druck, mit den konsumorientierten Lebensstilen Schritt zu halten. Dieser Druck verstärkt die Konsumsucht und führt zu einem immer intensiveren Fokus auf materielle Werte (Müller, 2021).

> **Zusammengefasst**
>
> - Konsumsucht unterscheidet sich von anderen Suchtformen durch ihren engen kulturellen und gesellschaftlichen Kontext, in dem Konsum nicht nur toleriert, sondern aktiv gefördert wird, was die Verharmlosung dieser Problematik begünstigt.
> - Die psychologischen Mechanismen hinter der Konsumsucht, wie die Verbindung von Kaufhandlungen mit kurzfristigem Belohnungsempfinden und die Rolle der hedonischen Anpassung, führen zu einem Teufelskreis aus Konsum und emotionalen Rückschlägen.
> - Konsumsucht hat tiefgreifende individuelle, soziale und ökologische Auswirkungen, die von finanziellen Belastungen über psychische Erkrankungen bis hin zu Ressourcenübernutzung und Umweltzerstörung reichen.
>
> Konsumsucht ist eine komplexe und oft unterschätzte Form der Abhängigkeit, die tief in unsere Kultur eingebettet ist. Ihre Verharmlosung liegt in ihrer gesellschaftlichen Akzeptanz und der Schwierigkeit, ihre negativen Auswirkungen zu erkennen. Dieser Abschnitt hat gezeigt, warum es notwendig ist, Konsumsucht ernst zu nehmen und ihre Mechanismen zu hinterfragen.

1.3 Was erwartet Sie in diesem Ratgeber?

> In diesem Abschnitt erfahren Sie, wie dieses Buch aufgebaut ist, welche praktischen Hilfen es bietet und wie Sie damit die Kontrolle über Ihr Konsumverhalten zurückgewinnen können.

Die Auseinandersetzung mit Konsum- und Luxussucht ist ein komplexer Prozess, der sowohl Wissen als auch Reflexion und konkrete Handlungsschritte erfordert. Dieses Buch ist allerdings kein theoretisches Werk, das sich allein auf die Analyse beschränkt, sondern in erster Linie ein praktischer, gut verständlich geschriebener Ratgeber, der Ihnen helfen soll, Ihr Konsumverhalten nachhaltig zu verändern. Im Zentrum steht die Frage: Wie können wir in einer Gesellschaft, die Konsum glorifiziert, einen bewussten und gesunden Umgang mit unseren Ressourcen entwickeln? Dieses Buch gibt Ihnen Werkzeuge an die Hand, um genau diese Frage für sich selbst zu beantworten.

Zunächst werden Sie ein umfassendes Verständnis für die Mechanismen hinter der Konsum- und Luxussucht entwickeln. Denn nur wer die Ursachen und Dynamiken dieser Verhaltensweisen erkennt, kann Wege finden, sich von ihnen zu lösen. Das Buch beginnt mit einer klaren Definition und Abgrenzung von Konsum- und Luxussucht. Es beleuchtet, wie emotionale, soziale und kulturelle Faktoren unsere Kaufentscheidungen beeinflussen und welche Rolle psychologische Mechanismen dabei spielen. Dabei wird auch auf die subtilen Manipulationen eingegangen, die durch Werbung und soziale Medien verstärkt werden.

Dabei sind Kap. 2 (Konsum- und Luxussucht verstehen) sowie Kap. 4 (Die Ursachen der Sucht), Kap. 5 (Der Weg aus der Konsumfalle) und Kap. 7 (Langfristige Veränderung) ausführlichere Kernkapitel, welche aufeinander aufbauend die wesentlichsten Inhalte transportieren, während die anderen Kapitel ergänzende Aspekte behandeln.

Ein weiterer integraler Bestandteil dieses Buches sind praxisnahe Übungen und Anleitungen, die Ihnen helfen, Ihr eigenes Konsumverhalten zu reflektieren. Sie erhalten Checklisten (Abschn. 9.2), die Ihnen zeigen, ob Sie gefährdet sind, eine Konsumsucht zu entwickeln, und welche ersten Schritte Sie unternehmen können, um die Kontrolle zurückzugewinnen. Diese Hilfsmittel sind so gestaltet, dass sie leicht in den Alltag integriert werden können und Ihnen konkrete Orientierung bieten.

Besonders wichtig ist die Entwicklung von Strategien, um impulsives Kaufverhalten zu reduzieren. Hierbei werden Sie lernen, wie Achtsamkeit und bewusste Entscheidungsfindung Ihnen helfen können, zwischen echten Bedürfnissen und manipulativen Konsumanreizen zu unterscheiden. Finanzielle Selbstkontrolle ist ein weiterer wichtiger Schwerpunkt: Dieses Buch zeigt Ihnen, wie Sie den Überblick über Ihre Finanzen zurückgewinnen und ein nachhaltiges Budget entwickeln können, das Ihre Werte und Ziele widerspiegelt.

> **Praxistipp**
>
> Die Übungen in diesem Buch sollten nicht als einmalige Aufgaben verstanden werden. Wiederholung und Kontinuität sind entscheidend, um nachhaltige Veränderungen zu bewirken. Nehmen Sie sich Zeit und gehen Sie Schritt für Schritt vor. Lesen Sie dazu auch Abschn. 1.4.

Ein besonderes Augenmerk wird auch auf alternative Lebensstile gelegt. Minimalismus und nachhaltiger Konsum werden als Konzepte vorgestellt, die nicht nur den materiellen Besitz reduzieren, sondern auch zu mehr Lebensqualität und Zufriedenheit führen können. Sie werden entdecken, wie ein bewusster Umgang mit Konsum Ihnen helfen kann, Ihre Werte klarer zu definieren und ein authentischeres Leben zu führen.

Am Ende dieses Buches steht die Frage, wie Sie langfristige Veränderungen in Ihrem Konsumverhalten verankern können. Rückfälle gehören zu jeder Veränderung dazu, und dieses Buch zeigt Ihnen, wie Sie mit ihnen umgehen und aus ihnen lernen können. Ziel ist es, nicht nur kurzfristige Erfolge zu erzielen, sondern eine neue Haltung zum Konsum zu entwickeln, die Ihnen langfristig Freiheit und Selbstbestimmung schenkt.

> **Zusammengefasst**
>
> Dieses Buch ist Ihr Begleiter auf dem Weg zu einem bewussteren und selbstbestimmten Leben. Es bietet Ihnen das Wissen, die Werkzeuge und die Inspiration, die Sie brauchen, um Ihre Konsumgewohnheiten zu hinterfragen und nachhaltig zu verändern.

1.4 Hinweise zu den praktischen Übungen

Die im Buch enthaltenen praktischen Übungen sind darauf ausgerichtet, ein tieferes Verständnis für Ihre persönlichen Konsummuster zu entwickeln und alternative Strategien zu etablieren, die Ihnen helfen, bewusster mit Ihrem Kaufverhalten umzugehen. Jede Übung wurde so gestaltet, dass sie unabhängig von Ihrer aktuellen Lebenssituation anwendbar ist und sowohl im Alltag als auch in ruhigen Reflexionsphasen durchgeführt werden kann.

1. **Individualität der Übungen:**
   Die Übungen sind flexibel gestaltet und können an Ihre individuellen Bedürfnisse angepasst werden. Es gibt keine „richtige" oder „falsche" Art, sie durchzuführen. Wichtig ist, dass Sie sich Zeit nehmen, ehrlich zu sich selbst sind und Ihre Erfahrungen ohne Selbstverurteilung betrachten.
2. **Regelmäßige Anwendung:**
   Um langfristige Veränderungen zu erreichen, ist es sinnvoll, die Übungen regelmäßig zu wiederholen. Konsummuster und tief verwurzelte Gewohnheiten benötigen Zeit, um sich zu verändern. Kontinuität hilft Ihnen, neue Denk- und Verhaltensmuster zu festigen.
3. **Journaling und Reflexion:**
   Es kann hilfreich sein, ein Tagebuch oder Notizbuch zu führen, in dem Sie Ihre Gedanken, Gefühle und Erkenntnisse während der Übungen festhalten. Dies ermöglicht es Ihnen, Fortschritte zu dokumentieren und wiederkehrende Muster leichter zu erkennen.
4. **Offenheit und Neugier:**
   Gehen Sie die Übungen mit einer offenen Haltung an. Die Zielsetzung ist nicht, sich selbst zu verurteilen, sondern mehr über Ihre Beziehung zum Konsum zu lernen. Sehen Sie die Übungen als Gelegenheit, sich besser kennenzulernen und neue Perspektiven zu gewinnen.
5. **Einbindung in den Alltag:**
   Viele Übungen können ohne großen Zeitaufwand in Ihren Alltag integriert werden. Einige sind so konzipiert, dass sie spontan durchgeführt werden können, beispielsweise während eines Einkaufs oder beim Scrollen durch Online-Shops. Diese Alltagsperspektive ermöglicht es Ihnen, bewusste Entscheidungen direkt in der Situation zu treffen.
6. **Unterstützung und Austausch:**
   Wenn Sie sich herausgefordert fühlen, zögern Sie nicht, sich mit anderen auszutauschen oder gegebenenfalls professionelle Unterstützung in Betracht zu ziehen. Der Dialog mit Freunden, Familie oder einer Fachkraft

kann helfen, Ihre Perspektiven zu erweitern und zusätzliche Anregungen zu erhalten.
7. **Geduld mit sich selbst:**
Veränderungen im Konsumverhalten erfordern Zeit und Geduld. Es ist normal, Rückschläge zu erleben oder sich gelegentlich entmutigt zu fühlen. Nutzen Sie solche Momente, um innezuhalten und sich daran zu erinnern, dass jede bewusste Reflexion ein Schritt in die richtige Richtung ist.

Die Übungen sollen Ihnen nicht nur praktische Hilfsmittel bieten, sondern auch dazu beitragen, ein tieferes Verständnis für die psychologischen und emotionalen Mechanismen hinter Ihrem Konsumverhalten zu entwickeln. Sie sind ein wesentlicher Bestandteil des Weges zu einem bewussteren und nachhaltigeren Umgang mit Konsum.

Literatur

Frederick, S., & Loewenstein, G. (1999): *Hedonic adaptation. Well-being: The foundations of hedonic psychology.* Russell Sage Foundation.
Köhler, M. (2020). *Kaufsucht und Gesellschaft: Eine psychologische Analyse.* Springer.
Müller, S. (2021). *Die Psychologie des Kaufens: Warum wir Dinge wollen, die wir nicht brauchen.* Hanser.
Schmidt, L. (2019). *Neuropsychologie des Konsums: Wie unser Gehirn den Markt formt.* Beltz.

2
Konsum- und Luxussucht verstehen

Zusammenfassung Dieses Kapitel widmet sich der detaillierten Analyse von Konsum- und Luxussucht. Es wird zwischen zwanghaftem Konsum als individueller Bewältigungsstrategie und Luxuskonsum als Mittel zur sozialen Distinktion unterschieden. Während Konsumsucht häufig durch impulsive Kaufentscheidungen und emotionale Regulation geprägt ist, dient Luxuskonsum in vielen Fällen der externen Statusdemonstration und der symbolischen Selbstdarstellung. Psychologische Mechanismen wie Dopaminausschüttung beim Kaufakt oder soziale Vergleichsdynamiken werden erläutert. Es wird auch aufgezeigt, wie Werbung und soziale Medien systematisch Konsumverhalten manipulieren, um das Streben nach neuen Gütern und einem prestigeträchtigen Lebensstil zu verstärken. Die Auswirkungen dieser Mechanismen reichen von individueller finanzieller Belastung bis hin zu ökologischen Konsequenzen.

Konsum ist ein zentraler Bestandteil des modernen Lebens, der weit über die bloße Befriedigung materieller Bedürfnisse hinausgeht. Er dient als Ausdrucksmittel für Identität, soziale Zugehörigkeit und Status und spiegelt die Werte und Normen unserer Gesellschaft wider. Doch was geschieht, wenn Konsum sich von seiner ursprünglichen Funktion entfernt und zu einer Abhängigkeit wird? Dieses Kapitel widmet sich der umfassenden Analyse von Konsum- und Luxussucht, ihren Ursachen und ihren Auswirkungen auf das Individuum und die Gesellschaft.

Die psychologische Dimension der Konsumsucht

Konsumverhalten ist tief in unseren emotionalen und psychologischen Mechanismen verwurzelt. Menschen kaufen nicht nur, um ein Bedürfnis zu befriedigen, sondern auch, um emotionale Defizite zu kompensieren. Gefühle wie Stress, Unsicherheit, Einsamkeit oder innere Leere können durch den Kaufakt vorübergehend gemildert werden. Diese Dynamik basiert auf der Aktivierung des Belohnungssystems im Gehirn: Der Kauf eines Objekts löst die Ausschüttung von Dopamin aus, was kurzfristig ein Gefühl von Freude oder Erleichterung verschafft. Doch diese Befriedigung ist meist nur von kurzer Dauer. Sobald der Dopaminspiegel wieder absinkt, kehren die ursprünglichen negativen Gefühle zurück, oft begleitet von Schuld oder Scham über die getätigten Ausgaben. Dieser Kreislauf führt zu einem verstärkten Kaufimpuls und begünstigt die Entwicklung süchtigen Verhaltens.

Luxussucht: Der Drang nach Prestige und Anerkennung

Luxussucht ist eine spezifische Form der Konsumsucht, die besonders stark mit dem Bedürfnis nach sozialem Status und Anerkennung verknüpft ist. Luxusgüter symbolisieren Erfolg, Macht und Exklusivität und erfüllen so nicht nur materielle, sondern vor allem symbolische Funktionen. Der Erwerb von Luxusartikeln wird häufig als Mittel eingesetzt, um soziale Distanz zu überbrücken, Zugehörigkeit zu signalisieren oder den eigenen Selbstwert zu steigern. Dabei spielt die Inszenierung des Konsums – etwa in sozialen Medien – eine immer größere Rolle. Studien zeigen, dass die Wahrnehmung von Luxus oft wichtiger ist als der tatsächliche Nutzen der Produkte. Diese Dynamik führt dazu, dass viele Menschen ihre finanziellen Grenzen überschreiten, um den Erwartungen ihres sozialen Umfelds gerecht zu werden.

Die Rolle der Werbung und sozialer Medien

Die Werbeindustrie und soziale Medien verstärken die Mechanismen der Konsum- und Luxussucht erheblich. Werbung ist darauf ausgelegt, Bedürfnisse zu erzeugen, die zuvor nicht existierten, und Produkte mit emotionalen Versprechen zu verknüpfen. Slogans wie „Weil Sie es sich wert sind" oder „Das Beste für Sie" appellieren an das Bedürfnis nach Selbstwert und Individualität. Gleichzeitig schaffen soziale Medien eine Bühne, auf der Konsum zur Darstellung des eigenen Lebensstils genutzt wird. Influencer und Werbekampagnen präsentieren Konsum als Schlüssel zu einem glücklichen, erfolgreichen Leben, was den Druck erhöht, sich diesem Ideal anzupassen.

Die gesellschaftlichen Auswirkungen von Konsum- und Luxussucht
Die Normalisierung exzessiven Konsums hat weitreichende Folgen für die Gesellschaft. Zum einen führt sie zu einer verstärkten sozialen Ungleichheit, da sich nicht alle Menschen den gewünschten Lebensstil leisten können. Zum anderen hat sie erhebliche ökologische Konsequenzen, da die ständige Nachfrage nach neuen Produkten Ressourcen übernutzt und zur Umweltzerstörung beiträgt. Der Fokus auf materiellen Besitz lenkt zudem von immateriellen Werten wie Beziehungen, Kreativität oder persönlicher Entwicklung ab.

Reflexion und Perspektivenwechsel
Ein tieferes Verständnis der Dynamiken hinter Konsum- und Luxussucht ist der erste Schritt, um sich von diesen Abhängigkeiten zu lösen. Es erfordert, das eigene Konsumverhalten kritisch zu hinterfragen und sich der emotionalen und sozialen Bedürfnisse bewusst zu werden, die hinter diesem Verhalten stehen. Dieses Kapitel lädt dazu ein, über die Rolle des Konsums im eigenen Leben nachzudenken und alternative Wege zu finden, um Zugehörigkeit, Selbstwert und Erfüllung zu erleben – jenseits von materiellem Besitz.

Das Ziel ist nicht, Konsum vollständig zu vermeiden, sondern einen bewussteren, reflektierten Umgang damit zu entwickeln, der im Einklang mit den eigenen Werten und Bedürfnissen steht. Indem wir die Mechanismen von Konsum- und Luxussucht verstehen, können wir die Kontrolle über unser Verhalten zurückgewinnen und einen nachhaltigeren Lebensstil fördern.

2.1 Was ist Konsumsucht – und wie unterscheidet sie sich von Luxussucht?

> In diesem Abschnitt lernen Sie die grundlegenden Unterschiede zwischen Konsumsucht und Luxussucht kennen und erfahren, wie sich beide Phänomene auf Individuen und Gesellschaft auswirken.

Konsumsucht und Luxussucht sind zwei Phänomene, die auf den ersten Blick ähnliche Muster zeigen, sich jedoch in ihren zugrunde liegenden Motivationen und Auswirkungen deutlich unterscheiden. Beide Formen des Verhaltens basieren auf einem exzessiven und oft zwanghaften Umgang mit dem Konsum von Gütern, wobei sie als Mittel zur emotionalen Regulation oder zur sozialen Selbstinszenierung dienen. Ihre Unterschiede sind dabei nicht nur analytisch von Bedeutung, sondern auch für das Verständnis der psychologischen Mechanismen, die diese Verhaltensweisen antreiben, sowie für die Ansätze zur Prävention und Therapie.

Die **Konsumsucht** ist geprägt von einer **Fixierung auf den Akt des Kaufens selbst**. Sie manifestiert sich in impulsiven, unkontrollierten Käufen, die häufig nicht mit einem tatsächlichen Bedarf an den erworbenen Produkten korrespondieren. Hierbei geht es weniger um die Qualität oder den sozialen Status der Güter, sondern vielmehr um die schnelle und unmittelbare Befriedigung, die der Kaufakt verspricht. Studien zeigen, dass das Belohnungssystem im Gehirn bei Konsumenten aktiviert wird, sobald ein Kauf getätigt wird. Diese Dopaminfreisetzung erzeugt ein kurzfristiges Gefühl von Glück und Erleichterung, das jedoch schnell wieder abklingt, wodurch der Drang nach weiteren Käufen entsteht (Schmidt, 2019). Konsumsucht ist daher oft eng mit emotionalen Defiziten verknüpft, wie einem geringen Selbstwertgefühl, Stress oder einer tief empfundenen inneren Leere. Betroffene verwenden den Kaufakt als Bewältigungsstrategie, die jedoch keine nachhaltige Lösung bietet, sondern häufig zu finanziellen Problemen und sozialer Isolation führt.

Luxussucht hingegen ist stärker **symbolisch und strategisch** ausgerichtet. Im Fokus steht hier nicht der Kaufprozess an sich, sondern die Bedeutung und Außenwirkung der erworbenen Güter. Menschen mit einer Neigung zur Luxussucht investieren in hochpreisige, exklusive oder schwer zugängliche Produkte, die weniger funktionale Zwecke erfüllen, sondern vielmehr als Statussymbole dienen. Diese Produkte sollen Macht, Erfolg oder Zugehörigkeit signalisieren und werden oft bewusst in sozialen Kontexten präsentiert, um die eigene Position zu stärken oder zu definieren (Belk, 1988). Anders als bei der Konsumsucht, wo Impulsivität eine zentrale Rolle spielt, sind Luxuskäufe häufig geplant und gezielt darauf ausgerichtet, soziale Anerkennung zu erlangen. Der gesellschaftliche Druck und die zunehmende Verbreitung idealisierter Lebensstile in sozialen Medien verstärken diese Dynamik. Plattformen wie Instagram oder TikTok tragen dazu bei, dass Luxussucht als akzeptable oder gar bewunderte Verhaltensweise wahrgenommen wird, was die Selbsterkennung und Behandlung erschwert.

Trotz ihrer Unterschiede gibt es **Überschneidungen** zwischen beiden Phänomenen, insbesondere in Bezug auf ihre zugrunde liegende Funktion. Beide Verhaltensweisen zielen darauf ab, emotionale oder soziale Defizite zu kompensieren. Sie unterscheiden sich jedoch in der Art und Weise, wie diese Bedürfnisse ausgedrückt und befriedigt werden. Während Konsumsucht oft als eine individuelle Bewältigungsstrategie angesehen wird, ist Luxussucht stärker gesellschaftlich eingebettet und durch soziale Normen und Erwartungen geprägt. Diese Unterschiede haben wichtige Implikationen für die Prävention und Intervention. Ansätze, die bei der Konsumsucht auf die Kontrolle von Impulsen und die Förderung emotionaler Resilienz abzielen, müssen bei der Luxussucht durch Maßnahmen ergänzt werden, die den sozialen Druck und die kulturelle Idealisierung von Luxusgütern hinterfragen.

Die Unterscheidung zwischen Konsumsucht und Luxussucht ist daher keineswegs trivial. Sie spiegelt nicht nur unterschiedliche psychologische Mechanismen wider, sondern verweist auch auf die vielschichtigen sozialen und kulturellen Dynamiken, die unser Konsumverhalten prägen. Ein tiefgehendes Verständnis dieser Unterschiede ermöglicht es, individuell zugeschnittene Strategien zu entwickeln, die sowohl auf der Ebene der betroffenen Personen als auch auf gesellschaftlicher Ebene ansetzen können. Die Reflexion über diese Phänomene sollte daher nicht nur darauf abzielen, individuelles Verhalten zu ändern, sondern auch die strukturellen und normativen Rahmenbedingungen, die Konsum und Luxus fördern, kritisch zu hinterfragen.

Die Konsumsucht ist oft das Resultat eines tief verwurzelten Bedürfnisses nach kurzfristiger Befriedigung. Studien zeigen, dass viele Betroffene durch den Kaufakt eine momentane Linderung von Stress, Angst oder innerer Leere erfahren (Müller, 2021). Das Belohnungssystem des Gehirns wird aktiviert, und es entsteht ein Gefühl von Kontrolle und Zufriedenheit, das jedoch nur von kurzer Dauer ist. Die Konsumsucht kann sich in einer Vielzahl von Verhaltensweisen manifestieren, von impulsivem Kaufverhalten bis hin zu regelrechten Kaufexzessen, die nicht selten in finanziellen Problemen und sozialer Isolation enden. Ihre gesellschaftliche Verharmlosung erschwert es Betroffenen, die Problematik zu erkennen und Hilfe zu suchen.

Die Luxussucht ist ein Phänomen, das tief in gesellschaftlichen Strukturen verwurzelt ist und von sozialen und kulturellen Werten geprägt wird. Im Gegensatz zur Konsumsucht, bei der der Kaufakt im Mittelpunkt steht, liegt der Fokus der Luxussucht auf der symbolischen Bedeutung der erworbenen Güter. Luxusgüter werden in erster Linie als Statussymbole wahrgenommen, die Macht, Erfolg und gesellschaftliche Zugehörigkeit vermitteln sollen. Dabei wird der Wert eines Produkts nicht nur durch seine Funktionalität, sondern vor allem durch seine Exklusivität und die damit verbundene Symbolkraft definiert. Luxussucht ist oft eng mit gesellschaftlichem Druck und sozialen Vergleichen verknüpft, die durch soziale Medien und Werbung verstärkt werden (Frederick & Loewenstein, 1999). Sie kann dazu führen, dass Betroffene sich in eine Spirale aus finanzieller Überforderung und sozialem Konkurrenzdenken begeben.

Ein prägnantes Beispiel ist der Erwerb eines teuren Sportwagens. Für viele Käufer ist dieser Wagen weit mehr als ein Fortbewegungsmittel – er wird zum Ausdruck von Erfolg und Individualität. Ähnlich verhält es sich mit Designerhandtaschen, die weniger aufgrund ihrer praktischen Funktion gekauft werden, sondern vielmehr als sichtbares Zeichen von Stil und Wohlstand dienen. Diese Art von Konsum ist eng mit der sozialen Wahrnehmung verknüpft: Der Besitz solcher Güter signalisiert nicht nur den eigenen sozialen Status, sondern erfüllt auch das Bedürfnis nach Anerkennung und Bewunderung.

Die Luxussucht wird durch gesellschaftlichen Druck und soziale Vergleiche weiter verstärkt. In einer Welt, die zunehmend von sozialen Medien geprägt ist, entsteht ein permanenter Wettbewerb um das beste, erfolgreichste oder glamouröseste Leben. Plattformen wie Instagram oder TikTok bieten eine Bühne, auf der Luxusgüter gezielt zur Schau gestellt werden, um Aufmerksamkeit und Anerkennung zu erlangen. Studien zeigen, dass diese sozialen Vergleiche das Bedürfnis nach prestigeträchtigen Konsumgütern erheblich steigern können (Belk, 2013). Das ständige Scrollen durch Bilder von Reisen in Fünf-Sterne-Resorts, teuren Schmuckstücken oder luxuriösen Dinnerpartys erzeugt bei vielen das Gefühl, mithalten zu müssen – eine Dynamik, die den Druck zur Anschaffung solcher Güter immens erhöht. Ein weiteres Merkmal der Luxussucht ist ihre Fähigkeit, finanzielle und soziale Risiken zu erzeugen. Der Drang, mithalten zu können oder die eigene Stellung zu verbessern, führt nicht selten zu einer Spirale aus finanzieller Überforderung. Viele Menschen investieren in teure Güter, die über ihre finanziellen Möglichkeiten hinausgehen, und geraten dadurch in Schulden. Gleichzeitig verstärken solche Käufe das soziale Konkurrenzdenken, da sie nicht nur auf individueller Ebene wirken, sondern auch gesellschaftliche Erwartungen und Normen prägen. Wer sich dem Erwerb von Luxus verweigert, läuft Gefahr, als weniger erfolgreich oder ambitioniert wahrgenommen zu werden, was den sozialen Druck weiter erhöht. Die symbolische Bedeutung von Luxusgütern ist auch kulturell geprägt. In einigen Gesellschaften gelten sie als unverzichtbare Indikatoren für Erfolg und Status, während in anderen Kulturen Bescheidenheit und Zurückhaltung höher geschätzt werden. In westlich geprägten Gesellschaften ist der Besitz von Luxusgütern häufig mit dem Streben nach Individualität und Selbstverwirklichung verbunden. Diese Narrative werden durch Werbung und Marketingstrategien weiter verstärkt, die gezielt auf die emotionale und soziale Bedeutung von Luxusgütern abzielen. Eine bekannte Kampagne für Luxusuhren wirbt beispielsweise mit dem Slogan: „Es ist nicht die Zeit, die Sie besitzen – es ist die Geschichte, die Sie erzählen." Solche Botschaften machen deutlich, dass es beim Kauf von

Luxus nicht nur um das Produkt, sondern um die Darstellung einer Identität geht. Luxussucht ist dabei nicht nur ein individuelles Phänomen, sondern hat auch tiefgreifende gesellschaftliche Auswirkungen. Sie fördert eine materialistische Weltanschauung, in der der Wert eines Menschen zunehmend an seinen Besitztümern gemessen wird. Dies kann soziale Ungleichheiten verschärfen, da der Zugang zu Luxusgütern für viele Menschen unerreichbar bleibt. Gleichzeitig tragen die Produktion und der Konsum solcher Güter zu erheblichen ökologischen Belastungen bei, da die Herstellung oft ressourcenintensiv ist und hohe Umweltkosten verursacht.

> **Hinweis auf Übung 2**
>
> Um ein tieferes Bewusstsein für Ihre persönlichen Konsummuster und deren zugrunde liegende Auslöser zu entwickeln, empfiehlt sich Übung 2: „Analyse des eigenen Konsumverhaltens". Diese praktische Übung, die in Abschn. 9.3.2 zu finden ist, unterstützt Sie dabei, impulsive und strategische Kaufentscheidungen zu hinterfragen, emotionale und soziale Hintergründe zu erkennen und alternative Strategien für ein bewussteres Konsumverhalten zu entwickeln. Sie bietet Ihnen eine strukturierte Möglichkeit, Ihre Beziehung zu Konsum und Besitz zu reflektieren, Abhängigkeiten einzuordnen und erste Schritte in Richtung eines nachhaltigeren und zufriedeneren Lebensstils zu unternehmen.

Ein praxisnahes Beispiel verdeutlicht die Unterschiede: Eine Person, die unter Konsumsucht leidet, könnte impulsiv und ohne nachzudenken mehrere Kleidungsstücke kaufen, die sie weder benötigt noch sich leisten kann. Eine Person mit Luxussucht hingegen würde strategisch und gezielt in eine teure Uhr investieren, um ein bestimmtes Bild von Erfolg und Exklusivität zu vermitteln. Während beide Verhaltensweisen problematisch sind, unterscheiden sie sich in ihren zugrunde liegenden Motivationen und sozialen Dynamiken.

> **Wichtig**
>
> Konsumsucht und Luxussucht sollten nicht isoliert betrachtet werden. Oft überlappen sich die beiden Phänomene, und Betroffene können Merkmale beider Abhängigkeiten aufweisen. Dies macht eine differenzierte Analyse und individuelle Herangehensweise umso wichtiger.

Die sozialen Auswirkungen beider Phänomene sind tiefgreifend. Konsumsucht trägt zur Verschwendung von Ressourcen, zur Überproduktion und letztlich zur Umweltbelastung bei. Sie spiegelt eine Kultur des Überflusses wider, die auf kurzfristige Befriedigung statt auf langfristige Nachhaltigkeit ausgerichtet ist. Luxussucht hingegen verstärkt soziale Ungleichheiten und fördert eine materialistische Weltanschauung, die den Wert eines Menschen an seinen Besitztümern misst. Beide Süchte tragen dazu bei, dass Individuen sich in einem Kreislauf aus unerfüllten Bedürfnissen und immer neuen Käufen gefangen fühlen, was nicht nur persönliche, sondern auch gesellschaftliche Folgen hat.

> **Zusammengefasst**
>
> Konsumsucht und Luxussucht sind unterschiedliche, aber miteinander verbundene Phänomene, die jeweils spezifische Herausforderungen und Risiken mit sich bringen.
>
> Konsumsucht ist durch eine Fixierung auf den Kaufakt selbst gekennzeichnet, der impulsiv und unkontrolliert erfolgt, ohne dass ein tatsächlicher Bedarf an den erworbenen Produkten besteht. Der Kauf dient der kurzfristigen Befriedigung emotionaler Bedürfnisse und wird oft als Bewältigungsstrategie für Stress, geringes Selbstwertgefühl oder innere Leere genutzt. Dieser Prozess wird durch die Dopaminfreisetzung im Gehirn verstärkt, die zwar ein kurzes Gefühl von Glück und Erleichterung vermittelt, jedoch schnell abklingt und den Kreislauf des süchtigen Verhaltens erneut antreibt. Langfristig führt Konsumsucht häufig zu finanziellen Problemen und sozialer Isolation.
>
> Luxussucht hingegen fokussiert sich weniger auf den Kaufprozess selbst, sondern auf die symbolische Bedeutung der erworbenen Güter. Hochpreisige Produkte dienen hier vor allem als Statussymbole, um Macht, Erfolg oder Zugehörigkeit zu signalisieren. Luxuskäufe sind in der Regel strategisch geplant und zielen auf soziale Anerkennung ab. Soziale Medien verstärken diese Dynamik, indem sie idealisierte Lebensstile propagieren, die Luxuskonsum normalisieren oder bewundernswert erscheinen lassen.
>
> Obwohl sich Konsumsucht und Luxussucht in ihrem Ausdruck und ihrer Motivation unterscheiden, teilen sie die Funktion, emotionale oder soziale Defizite zu kompensieren. Während Konsumsucht primär individuell und impulsiv ist, wird Luxussucht stärker von gesellschaftlichen Normen und Erwartungen geprägt. Präventions- und Interventionsansätze müssen diese Unterschiede berücksichtigen: Konsumsucht erfordert Maßnahmen zur Stärkung emotionaler Resilienz und Impulskontrolle, während bei Luxussucht der soziale Druck und die kulturelle Idealisierung von Luxusgütern hinterfragt werden sollten. Dieser Abschnitt hat die zugrunde liegenden Mechanismen und sozialen Auswirkungen beleuchtet und gezeigt, warum es wichtig ist, beide Formen der Abhängigkeit differenziert zu betrachten.

2.2 Die Psychologie hinter der Kaufsucht: Emotionen, Status und Bedürfnisbefriedigung

> In diesem Abschnitt erfahren Sie, wie emotionale und kognitive Prozesse unser Konsumverhalten beeinflussen und warum wir oft mehr kaufen, als wir tatsächlich brauchen.

Kaufsucht ist ein multifaktorielles Phänomen, das unmittelbar in den emotionalen und kognitiven Prozessen des Menschen verwurzelt ist. Der Kaufakt wird häufig als ein Akt der Selbstermächtigung oder der Belohnung wahrgenommen, doch in Wahrheit erfüllt er oft emotionale Bedürfnisse, die weit über den materiellen Nutzen hinausgehen. Emotionen wie Freude, Trost, Stressbewältigung oder das Bedürfnis nach Zugehörigkeit spielen dabei eine zentrale Rolle. Das menschliche Gehirn reagiert auf den Akt des Kaufens mit der Ausschüttung von Dopamin, einem Neurotransmitter, der für das Empfinden von Glück und Zufriedenheit verantwortlich ist (Müller, 2021). Doch dieses Glücksgefühl ist flüchtig, und schon bald setzt ein erneutes Verlangen nach dem nächsten Kauf ein. Dieser Kreislauf macht den Konsum zu einer Quelle kurzfristiger Befriedigung, die langfristig jedoch weder Glück noch Erfüllung bringt.

Der Mechanismus hinter dieser Dynamik ist tief in der menschlichen Psychologie verwurzelt. Der Kauf eines Produkts – sei es ein neues Kleidungsstück, ein technisches Gadget oder ein luxuriöser Einrichtungsgegenstand – vermittelt ein Gefühl von Kontrolle und Autonomie, das besonders in Zeiten emotionaler Unsicherheit oder Überforderung verstärkt wird. Der Kaufakt wird zu einer symbolischen Handlung, durch die Menschen versuchen, Einfluss auf ihr Leben auszuüben. Dieses Streben nach Kontrolle ist jedoch trügerisch, da der Konsum lediglich eine oberflächliche Lösung für tiefgreifendere emotionale oder soziale Herausforderungen bietet.

Neben der kurzfristigen Dopamin-Ausschüttung spielt auch die Erwartung eine zentrale Rolle. Schon die Planung und Vorstellung des Kaufs aktiviert das Belohnungssystem im Gehirn. Studien zeigen, dass die Vorfreude auf den Erwerb eines Produkts oft intensiver ist als die tatsächliche Freude über den Besitz (Schmidt, 2019). Sobald das Produkt jedoch gekauft wurde, verpufft dieses Hochgefühl, und das Gehirn beginnt, nach dem nächsten Ziel zu suchen. Dieser Effekt, auch als hedonische Anpassung bekannt, beschreibt die Tendenz des Menschen, sich schnell an neue Besitztümer zu gewöhnen und dadurch immer neue Reize zu benötigen, um dasselbe Maß an Zufriedenheit zu empfinden (Frederick & Loewenstein, 1999).

Ein weiterer wichtiger Faktor ist die soziale Komponente des Konsums. In einer Gesellschaft, in der der Besitz von Gütern häufig mit Status und Erfolg gleichgesetzt wird, wird der Kaufakt nicht nur als individuelle Entscheidung, sondern auch als Mittel der sozialen Kommunikation verstanden. Durch Konsum signalisieren Menschen Zugehörigkeit zu bestimmten Gruppen oder distanzieren sich von anderen. Besonders in der heutigen Zeit, die von sozialen Medien geprägt ist, wird dieses Verhalten verstärkt. Plattformen wie Instagram oder TikTok fördern einen Lebensstil, der auf Konsum basiert, indem sie Bilder eines scheinbar perfekten Lebens propagieren, das durch materielle Güter definiert wird. Der Druck, diesem Ideal zu entsprechen, kann dazu führen, dass Menschen ihr Selbstwertgefühl zunehmend an den Besitz bestimmter Produkte koppeln.

Dabei wird übersehen, dass die Befriedigung, die durch Konsum erreicht wird, häufig eine Illusion bleibt. Emotionale Bedürfnisse wie das Verlangen nach Trost, Anerkennung oder Zugehörigkeit können durch materielle Güter nicht nachhaltig erfüllt werden. Stattdessen entsteht eine Abhängigkeit von der ständigen Wiederholung des Kaufakts, die langfristig zu Frustration und innerer Leere führen kann. Diese Dynamik wird durch gesellschaftliche Normen und Werbestrategien verstärkt, die Konsum nicht nur als normal, sondern als essenziell für ein „gutes Leben" darstellen.

Das Wissen um diese Mechanismen ist ein entscheidender Schritt, um bewusster mit Konsum umzugehen. Der Kaufakt mag in der heutigen Welt unvermeidlich sein, doch die Reflexion über die zugrunde liegenden emotionalen Bedürfnisse kann helfen, impulsives Kaufverhalten zu reduzieren und nachhaltigere Alternativen zu finden. Ansätze wie Achtsamkeit und bewusste Entscheidungsfindung können dazu beitragen, die emotionalen Auslöser des Konsums zu hinterfragen und neue Strategien zur Bedürfnisbefriedigung zu entwickeln.

Ein zusätzlicher Aspekt der Kaufsucht ist die Verbindung zwischen Konsum und sozialem Status. In einer Gesellschaft, die stark von Konsum geprägt ist, wird Besitz oft als Maßstab für Erfolg und Anerkennung genutzt. Der Kauf bestimmter Produkte signalisiert Zugehörigkeit zu einer sozialen Gruppe oder das Erreichen eines bestimmten Lebensstandards. Besonders soziale Medien verstärken diesen Effekt. Plattformen wie Instagram und TikTok präsentieren eine idealisierte Version von Konsum, die den Druck erhöht, durch den Erwerb bestimmter Güter Anerkennung und Bestätigung zu erlangen. Studien zeigen, dass der ständige Vergleich mit anderen auf solchen Plattformen zu einer Verstärkung des Konsumdrucks führt und das Risiko für Kaufsucht erhöht (Kessler & Solomon, 2020).

Ein Beispiel aus der Praxis verdeutlicht diese Mechanismen: Lisa, eine junge Marketingmanagerin, kauft regelmäßig nach stressigen Arbeitstagen online ein, um sich zu belohnen. Der Moment des Kaufens gibt ihr das Gefühl von Kontrolle und Zufriedenheit. Doch sobald die Ware geliefert wird, verblasst das Glücksgefühl, und sie verspürt den Drang, erneut zu kaufen. Lisa berichtet, dass sie sich in einem Kreislauf aus kurzzeitiger Erleichterung und anhaltendem Verlangen gefangen fühlt. Dieses Beispiel zeigt, wie emotionale und kognitive Prozesse das Konsumverhalten beeinflussen können und wie schwierig es ist, aus diesem Kreislauf auszubrechen.

Neben den emotionalen Aspekten spielen auch **kognitive Verzerrungen** eine zentrale Rolle bei der Kaufsucht.

Der **Hedonic-Treadmill**-Effekt illustriert eindrücklich, warum Konsum so selten zu nachhaltiger Zufriedenheit führt. Menschen gewöhnen sich nicht nur an materielle Besitztümer, sondern auch an die emotionale Wirkung des Erwerbs. Das Glücksgefühl, das mit dem Kauf eines neuen Smartphones, eines Autos oder einer luxuriösen Uhr einhergeht, ist in seiner Intensität begrenzt und zeitlich kurzlebig. Diese Gewöhnung, auch hedonische Adaptation genannt, lässt den ursprünglichen Reiz schnell verblassen, sodass das Bedürfnis nach einer neuen Quelle der Befriedigung entsteht.

Ein zentraler Aspekt dieses Effekts ist die Dynamik, dass Konsumenten dazu neigen, die langfristige emotionale Wirkung eines Kaufs zu überschätzen. Psychologische Studien zeigen, dass Menschen oft glauben, ein bestimmtes Objekt oder Erlebnis werde ihr Leben nachhaltig verbessern oder ihnen dauerhaft Freude bereiten (Wilson & Gilbert, 2005). Doch sobald das neue Produkt Teil des Alltags wird, verschwindet sein emotionaler Wert, und die Aufmerksamkeit richtet sich auf das nächste begehrenswerte Objekt. Diese endlose Spirale des „Mehr-wollen" ist nicht nur finanziell belastend, sondern kann auch eine tiefe innere Leere hinterlassen, da sie die zugrunde liegenden emotionalen Bedürfnisse nicht wirklich erfüllt.

Ein Beispiel hierfür ist der technologische Fortschritt, insbesondere im Bereich von Smartphones. Verbraucher erwarten oft, dass das neueste Modell ihnen durch bessere Funktionen oder ein innovativeres Design mehr Freude bringt. Doch sobald das Gerät gekauft ist und der anfängliche Reiz des Neuen nachlässt, wird das nächste Modell bereits als attraktiver wahrgenommen. Die Werbeindustrie verstärkt diesen Effekt bewusst, indem sie Produkte als unverzichtbar oder revolutionär darstellt, wodurch Konsumenten in den Kreislauf des ständigen Nachrüstens und Kaufens gezogen werden (Schneider et al., 2017).

Interessant ist, dass der Hedonic-Treadmill-Effekt nicht nur auf materielle Güter beschränkt ist, sondern auch in anderen Bereichen wie Erlebnissen, Karrieren oder Beziehungen auftreten kann. Menschen gewöhnen sich auch an positive Veränderungen in ihrem Leben, sei es eine Gehaltserhöhung, ein neues Auto oder sogar ein Umzug in eine größere Wohnung. Die anfängliche Euphorie weicht schnell dem alltäglichen Umgang mit den neuen Umständen, und das emotionale Grundniveau kehrt auf das Ausgangsniveau zurück. Frederick und Loewenstein (1999) betonen, dass dieser Effekt tief in der menschlichen Psychologie verankert ist, da unser Gehirn darauf programmiert ist, sich an wiederkehrende Reize anzupassen, um Ressourcen effizient zu nutzen.

Der Hedonic-Treadmill-Effekt hat weitreichende gesellschaftliche Implikationen. Er fördert eine Kultur des Überkonsums, da Menschen ständig nach neuen Quellen der Befriedigung suchen, ohne jemals das Gefühl der Erfüllung zu erreichen. Diese Dynamik treibt nicht nur den Materialismus voran, sondern hat auch erhebliche ökologische Konsequenzen. Die Produktion und der Konsum immer neuer Produkte führen zu einer Verschwendung von Ressourcen und einer Belastung der Umwelt. Darüber hinaus verstärkt der Effekt soziale Ungleichheiten, da der ständige Wunsch nach „mehr" auch den Druck erhöht, mit anderen mitzuhalten oder sie zu übertreffen, was besonders in materialistischen Gesellschaften zu Spannungen führen kann.

> **Wichtig**
>
> Das Bewusstsein für den Hedonic-Treadmill-Effekt ist ein zentraler Schritt, um Konsummuster zu hinterfragen. Indem wir unsere Erwartungen an materielle Güter und ihre Bedeutung für unser Glück neu definieren, können wir aus der Spirale des ständigen Kaufens ausbrechen und uns auf nachhaltigere Formen der Zufriedenheit konzentrieren.

Die Reflexion über diesen Effekt lädt dazu ein, Alternativen zu materiellen Werten zu suchen, etwa durch die Konzentration auf soziale Beziehungen, persönliche Entwicklung oder immaterielle Erlebnisse. Langfristig führt dies nicht nur zu einem bewussteren Konsumverhalten, sondern auch zu einer tieferen und nachhaltigeren Zufriedenheit.

Hinzu kommen Denkmuster wie die Überbewertung von Statussymbolen oder die Annahme, dass teurere Produkte zwangsläufig einen höheren Wert oder Nutzen haben. Diese kognitiven Verzerrungen werden gezielt von

Marketingstrategien ausgenutzt, die Status, Exklusivität und individuelle Bedeutung als zentrale Verkaufsargumente einsetzen (Solomon et al., 2019a, b). Werbebotschaften und Branding verstärken dabei gezielt die Verbindung zwischen materiellen Gütern und emotionalen oder sozialen Bedürfnissen. Ein Beispiel hierfür ist die Darstellung von Luxusmarken in Medien, die nicht nur Produkte, sondern Lebensstile verkaufen. Sie suggerieren, dass der Erwerb eines exklusiven Produkts nicht nur das eigene Image aufwertet, sondern auch zu einem erfüllteren und glücklicheren Leben führt.

Diese Marketingstrategien nutzen tief verankerte psychologische Bedürfnisse, wie das Streben nach sozialer Anerkennung, Zugehörigkeit oder Individualität. Besonders gefährdet sind dabei Personen, die stark auf soziale Vergleiche reagieren oder ein hohes Maß an Unsicherheit in ihrer Identität aufweisen. Für sie wird der Kauf eines teuren Produkts zu einem Symbol für Erfolg und Wertschätzung, selbst wenn diese Anerkennung nur oberflächlich oder vorübergehend ist. Der soziale Druck, solche Statussymbole zu erwerben, wird zusätzlich durch soziale Medien verstärkt, die das Leben anderer idealisiert darstellen und einen ständigen Vergleich fördern. Studien zeigen, dass soziale Plattformen wie Instagram oder TikTok die Bereitschaft zu impulsiven und statusorientierten Käufen erhöhen, indem sie den Konsum als erstrebenswerten Standard inszenieren (Belk, 2013).

Darüber hinaus führt die gezielte Verbindung von teuren Produkten mit Prestige und Exklusivität dazu, dass Menschen irrational hohe Preise akzeptieren. Dieses Verhalten wird durch den sogenannten „Snob-Effekt" verstärkt, bei dem der wahrgenommene Wert eines Produkts steigt, je teurer oder exklusiver es ist (Leibenstein, 1950). Diese Dynamik ist besonders bei Luxusgütern ausgeprägt, deren Preis oft weniger durch den tatsächlichen Nutzen als durch die Signalwirkung bestimmt wird. Eine Rolex-Uhr ist beispielsweise nicht nur ein Zeitmesser, sondern ein Symbol für Erfolg, Reichtum und soziale Überlegenheit. Der Kauf solcher Produkte wird nicht primär durch funktionale Überlegungen motiviert, sondern durch die Botschaft, die sie nach außen tragen sollen.

Die Verknüpfung von Konsum mit Identität und Status hat auch eine gesellschaftliche Dimension. Sie verstärkt eine materialistische Weltanschauung, in der der Wert eines Individuums zunehmend an seinen Besitztümern gemessen wird. Diese Kultur des Materialismus fördert nicht nur soziale Ungleichheiten, sondern auch eine wachsende Abhängigkeit von Konsum, da Menschen immer neue Produkte benötigen, um ihren Status zu erhalten oder zu steigern. Dieser Prozess führt nicht selten zu finanziellen Überforderungen, insbesondere bei Personen, die versuchen, mit höheren sozialen Schichten mitzuhalten, ohne über die entsprechenden Mittel zu verfügen.

> **Wichtig**
>
> Die Reflexion über diese Denkmuster und die kritische Auseinandersetzung mit den dahinterliegenden Mechanismen ist entscheidend, um den Kreislauf aus Statusstreben und Konsumabhängigkeit zu durchbrechen. Ein bewusster Umgang mit Konsum und die Fokussierung auf nicht-materielle Werte können helfen, langfristig mehr Zufriedenheit und Erfüllung zu finden.

Die Rolle von Marketing und sozialen Einflüssen zeigt, wie stark Konsum- und Luxussucht in gesellschaftliche Strukturen eingebettet sind. Die Überbewertung von Statussymbolen und die Annahme, dass höherpreisige Produkte automatisch von höherem Wert sind, dienen dabei nicht nur als individuelle Antriebe, sondern auch als Triebfedern für wirtschaftliche Dynamiken, die diesen Konsum weiter fördern. Ein tieferes Verständnis dieser Mechanismen eröffnet die Möglichkeit, kritischere Konsumentscheidungen zu treffen und alternative Wege zur Bedürfnisbefriedigung zu entwickeln.

Ein weiterer Faktor, der die Kaufsucht verstärkt, ist die permanente Verfügbarkeit von Konsumgütern. Online-Shopping und der Einsatz von personalisierten Algorithmen fördern impulsives Kaufverhalten und erschweren die Selbstkontrolle. Der Zugang zu Kreditkarten und „Buy now, pay later"-Modellen senkt zudem die Hürde für Käufe, die finanziell oft nicht nachhaltig sind. Diese technischen und wirtschaftlichen Rahmenbedingungen schaffen eine Umgebung, die Konsumsucht nicht nur ermöglicht, sondern aktiv fördert (Köhler, 2020).

> **Zu beachten**
>
> Emotionale und kognitive Prozesse wirken oft subtil, können jedoch unser Kaufverhalten stark beeinflussen. Das Bewusstsein für diese Mechanismen ist der erste Schritt, um sie zu durchbrechen und nachhaltige Veränderungen einzuleiten.

Die Psychologie der Kaufsucht verdeutlicht, wie eng Emotionen, kognitive Verzerrungen und soziale Einflüsse miteinander verknüpft sind. Das Verständnis dieser Mechanismen ist entscheidend, um das eigene Konsumverhalten kritisch zu hinterfragen und langfristige Veränderungen zu ermöglichen. Gleichzeitig zeigt sich, dass Kaufsucht nicht nur ein individuelles, sondern auch ein gesellschaftliches Problem ist. Die Fokussierung auf Konsum als primäre Quelle von Glück und Status führt zu ökologischen und sozialen

Herausforderungen, die ein Umdenken erfordern. In einer Welt, die stark vom Konsum geprägt ist, müssen Werte wie Nachhaltigkeit, Achtsamkeit und soziale Verantwortung gestärkt werden. Dieser Abschnitt hat gezeigt, warum emotionale und kognitive Prozesse zentrale Treiber der Kaufsucht sind und wie sie durch Reflexion und bewusste Entscheidungen überwunden werden können.

> **Zusammengefasst**
>
> - **Emotionale Triebkräfte des Konsums:** Kaufsucht basiert auf emotionalen Bedürfnissen wie Trost, Anerkennung und Stressbewältigung. Der Kaufakt aktiviert das Belohnungssystem im Gehirn und führt zu einer kurzfristigen Ausschüttung von Dopamin, die ein Gefühl von Glück vermittelt. Dieses Glücksgefühl ist jedoch flüchtig, wodurch ein Kreislauf aus wiederholtem Kaufen entsteht, der langfristig emotionale Leere und Frustration verstärkt.
> - **Kognitive Verzerrungen und soziale Einflüsse:** Mechanismen wie der „Hedonic-Treadmill"-Effekt und der „Snob-Effekt" führen dazu, dass Konsumenten die langfristige emotionale Wirkung von Käufen überschätzen und hochpreisige Produkte mit sozialem Status verknüpfen. Werbung und soziale Medien verstärken diese Dynamik, indem sie materialistische Ideale propagieren und den Druck erhöhen, Konsum als Mittel zur Identitätsbildung und sozialen Zugehörigkeit zu nutzen.
> - **Gesellschaftliche Rahmenbedingungen und Konsequenzen:** Die permanente Verfügbarkeit von Konsumgütern, personalisierte Algorithmen und einfache Finanzierungsmöglichkeiten fördern impulsives Kaufverhalten und erschweren die Selbstkontrolle. Dies führt nicht nur zu individuellen Problemen wie Überschuldung und Abhängigkeit, sondern auch zu ökologischen und sozialen Herausforderungen. Eine kritische Reflexion dieser Mechanismen ist der Schlüssel, um nachhaltigere Konsummuster zu entwickeln und eine größere gesellschaftliche Verantwortung zu fördern.

2.3 Konsum als Ersatz: Wenn Kaufen die Seele füllen soll

> In diesem Abschnitt erfahren Sie, wie Konsum als Kompensation für innere Leere und soziale Defizite dient, welche Mechanismen diesem Verhalten zugrunde liegen und welche langfristigen Folgen es für Individuen und die Gesellschaft hat.

Der Akt des Konsumierens hat sich in unserer modernen Gesellschaft von einer reinen Notwendigkeit zu einem emotional aufgeladenen Ritual entwickelt. Kaufen ist längst nicht mehr nur eine Antwort auf Bedürfnisse wie

Nahrung, Kleidung oder Wohnen, sondern wird oft als Ersatz genutzt, um emotionale und soziale Leerstellen zu füllen. Dabei erfüllt Konsum eine scheinbar einfache, aber trügerische Funktion: Er verspricht kurzfristige Erleichterung in Momenten der Einsamkeit, des Stresses oder der Selbstzweifel. Doch wie nachhaltig ist dieser Effekt, und welche Dynamiken stecken dahinter?

Konsum dient häufig der kurzfristigen Kompensation negativer Gefühle. Wenn innere Leere, Langeweile oder emotionale Belastungen auftreten, greifen viele Menschen zum Portemonnaie oder füllen virtuelle Warenkörbe. Die psychologische Erklärung hierfür liegt in der Aktivierung des Belohnungssystems im Gehirn. Der Kaufakt löst die Ausschüttung von Dopamin aus, einem Neurotransmitter, der mit Freude und Befriedigung assoziiert wird (Schmidt, 2019). Doch dieser Effekt ist kurzlebig. Das Gefühl der Erfüllung verschwindet schnell, und es bleibt eine Leere zurück, die oft größer ist als zuvor. Dieses Muster führt zu einem Teufelskreis, in dem der Konsum immer wieder als Mittel gegen die innere Unzufriedenheit eingesetzt wird.

Die kurzfristige Erleichterung, die durch den Kaufakt entsteht, ist vergleichbar mit anderen Verhaltensweisen, die auf sofortige Belohnung abzielen, wie emotionales Essen, übermäßiger Medienkonsum oder Glücksspiel. In diesen Momenten rückt die langfristige Perspektive in den Hintergrund, und die Befriedigung des augenblicklichen Bedürfnisses wird zur Priorität. Studien belegen, dass diese Dynamik besonders bei Menschen auftritt, die Schwierigkeiten haben, ihre Emotionen zu regulieren oder alternative Bewältigungsstrategien zu entwickeln (Hirschman, 1992). Der Konsum wird dann zu einer scheinbar einfachen und schnell verfügbaren Lösung, die jedoch die zugrunde liegenden Probleme nicht löst, sondern vielmehr verstärkt.

Die negative Verstärkung durch den Kaufakt – also die kurzfristige Linderung von Stress oder Unzufriedenheit – maskiert die eigentliche Problematik. Menschen, die wiederholt auf diese Strategie zurückgreifen, gewöhnen sich daran, ihre Emotionen durch Konsum zu regulieren. Dies führt nicht nur zu finanziellen Schwierigkeiten, sondern kann auch das Gefühl der Hilflosigkeit verstärken. Die innere Leere, die durch den Kaufakt kurzfristig gefüllt wurde, wird im Nachhinein oft als noch intensiver empfunden. Schuldgefühle, Scham oder die Erkenntnis, dass das gekaufte Objekt keinen nachhaltigen Wert bietet, verschärfen die emotionale Belastung.

Ein weiteres Problem entsteht, wenn der Konsum als Ersatz für soziale oder emotionale Bindungen dient. Menschen, die unter Einsamkeit leiden oder Schwierigkeiten haben, echte zwischenmenschliche Verbindungen aufzubauen, suchen häufig im Kaufakt nach einem Gefühl von Trost oder

Zugehörigkeit. Der Erwerb von Konsumgütern wird dann nicht nur als Akt der Bedürfnisbefriedigung wahrgenommen, sondern als eine Art von Selbstfürsorge, die jedoch oberflächlich bleibt. Besonders problematisch ist dies, wenn der Konsum zur Gewohnheit wird, da die Betroffenen zunehmend weniger in der Lage sind, andere, nachhaltigere Formen der emotionalen Regulation zu finden.

Die Digitalisierung und die Verfügbarkeit von Online-Shopping verstärken dieses Phänomen. Der schnelle Zugriff auf Konsumgüter rund um die Uhr, die ständige Präsenz von personalisierter Werbung und die Möglichkeit, Käufe mit wenigen Klicks abzuschließen, machen es einfacher denn je, impulsiv zu konsumieren. Dies reduziert nicht nur die Hemmschwelle, sondern verstärkt auch das Gefühl, dass Konsum eine unmittelbare Lösung für emotionale Probleme bietet. Das Gehirn lernt, diese schnellen Belohnungen zu bevorzugen, wodurch die Abhängigkeit von Konsum weiter zunimmt (Belk, 2013). Langfristig führt dieses Verhalten zu einer Entfremdung vom eigentlichen Zweck des Konsums. Ursprünglich diente der Erwerb von Gütern der Deckung konkreter Bedürfnisse und der Verbesserung der Lebensqualität. Doch wenn der Konsum zur Kompensation negativer Gefühle eingesetzt wird, verliert er seine ursprüngliche Funktion und wird zu einem Akt der Selbsttäuschung. Statt wirklicher Erfüllung bleibt nur das Streben nach der nächsten Belohnung – ein Teufelskreis, der nicht nur die psychische Gesundheit belastet, sondern auch soziale und finanzielle Konsequenzen nach sich zieht.

> **Wichtig**
>
> Das Verständnis dieser Mechanismen ist ein erster Schritt, um den Teufelskreis des kompensatorischen Konsums zu durchbrechen. Es erfordert sowohl die Reflexion der eigenen Bedürfnisse als auch die Entwicklung alternativer Strategien zur Emotionsregulation, um langfristige Veränderungen herbeizuführen.

Ein anschauliches Beispiel liefert Thomas, ein 45-jähriger Unternehmensberater, der von einem vollen Terminkalender und dem ständigen Druck, erfolgreich zu sein, berichtet. Nach langen Arbeitstagen bestellt er regelmäßig online teure Gadgets oder Kleidung. Für einen kurzen Moment gibt ihm der Kauf das Gefühl, Kontrolle über sein Leben zu haben und sich etwas Gutes zu tun. Doch bereits am nächsten Morgen fühlt er sich genauso gestresst wie zuvor. Seine Käufe lösen die zugrunde liegenden Probleme nicht, sondern verschärfen sie durch die wachsende finanzielle Belastung.

Neben emotionalen Gründen spielt die soziale Dimension des Konsums eine entscheidende Rolle. Konsum wird oft genutzt, um Zugehörigkeit und sozialen Status zu demonstrieren. Besonders in einer Welt, die von sozialen Medien dominiert wird, hat der Kauf von Gütern eine performative Komponente. Plattformen wie Instagram oder TikTok verstärken diesen Trend, indem sie Konsum als zentralen Bestandteil eines erfolgreichen Lebensstils darstellen. Dieser soziale Druck kann dazu führen, dass Menschen immer mehr konsumieren, um Anerkennung und Bestätigung zu erhalten. Statt echter sozialer Verbindungen entstehen jedoch nur oberflächliche Bindungen, die das Gefühl der Isolation langfristig verstärken können (Baumeister & Leary, 1995).

Auch kulturelle Faktoren tragen dazu bei, dass Konsum als Ersatz für innere Bedürfnisse genutzt wird. Die westliche Konsumkultur hat materielle Werte an die Spitze des Glücksversprechens gesetzt. „Haben" wird oft mit „Sein" gleichgesetzt, und der Wert eines Individuums wird zunehmend an seinen Besitztümern gemessen. Diese Werte werden durch Werbung, Medien und Marketingstrategien kontinuierlich gefestigt. Wie Kasser (2002) zeigt, führt diese Orientierung an materiellen Zielen jedoch zu einer geringeren Lebenszufriedenheit und einem erhöhten Risiko für psychische Belastungen.

> **Wichtig**
>
> Die Erkenntnis, dass Konsum keine nachhaltige Lösung für emotionale und soziale Probleme bietet, ist entscheidend, um alternative Strategien zur Bedürfnisbefriedigung zu entwickeln. Achtsamkeit und die Stärkung sozialer Bindungen können helfen, den Kreislauf des kompensatorischen Konsums zu durchbrechen.

Die langfristigen Folgen von Konsum als Ersatzstrategie sind sowohl individuell als auch gesellschaftlich weitreichend. Auf individueller Ebene führt dieses Verhalten oft zu Schuldgefühlen, Scham und einer wachsenden inneren Leere, die durch die ständige Suche nach Erfüllung verstärkt wird. Zudem steigt die Gefahr der Überschuldung, was die Lebensqualität weiter beeinträchtigt. Auf gesellschaftlicher Ebene trägt dieses Verhalten zu Umweltzerstörung, sozialer Ungleichheit und einer Kultur der Überproduktion bei. Die Ressourcen der Erde werden in einem Maße ausgebeutet, das langfristig nicht tragbar ist, und die sozialen Kosten des Konsumismus werden auf kommende Generationen verlagert.

> **Hinweis auf Übung 3**
>
> In Abschn. 9.3.3 „Reflexion des konkreten Konsumverhaltens" finden Sie eine praktische Übung, die Ihnen hilft, Ihre konkreten Konsummuster zu analysieren und die emotionalen und sozialen Auslöser hinter Ihrem Kaufverhalten zu erkennen. Sie erfahren, wie Sie alternative Strategien entwickeln können, um langfristig bewusster und nachhaltiger mit Konsum umzugehen.

> **Zusammengefasst**
>
> - **Psychologische Mechanismen des Konsums:** Konsum wird häufig als Bewältigungsstrategie eingesetzt, um emotionale Defizite wie innere Leere, Stress oder Unsicherheit zu kompensieren. Der Kaufakt aktiviert das Belohnungssystem im Gehirn und erzeugt kurzfristige Befriedigung, die jedoch schnell abklingt und den Kreislauf des süchtigen Verhaltens verstärkt.
> - **Soziale und kulturelle Einflüsse:** Konsum dient nicht nur individuellen Zwecken, sondern wird auch genutzt, um sozialen Status oder Zugehörigkeit zu demonstrieren. Werbung, soziale Medien und kulturelle Normen fördern eine Konsumkultur, in der der Wert des Individuums zunehmend an Besitz und materiellen Erfolgen gemessen wird, was den Druck zu übermäßigem Konsum verstärkt.
> - **Langfristige Folgen und Lösungsansätze:** Die dauerhafte Nutzung von Konsum als Ersatz für emotionale und soziale Bedürfnisse führt zu Schuldgefühlen, finanziellen Problemen und einer Verstärkung des Gefühls der Isolation. Gesellschaftlich trägt exzessiver Konsum zur Umweltzerstörung und sozialer Ungleichheit bei. Langfristige Lösungen erfordern die Reflexion individueller Konsummuster, die Stärkung sozialer Bindungen und die Entwicklung nachhaltiger Alternativen zur Bedürfnisbefriedigung.
>
> Konsum als Ersatz für emotionale und soziale Bedürfnisse ist ein weit verbreitetes Phänomen, das kurzfristig Erleichterung bringen mag, aber langfristig weder individuell noch gesellschaftlich nachhaltig ist. Die Reflexion über die zugrunde liegenden Mechanismen und die Suche nach alternativen Strategien zur Bedürfnisbefriedigung sind wesentliche Schritte, um diesen Kreislauf zu durchbrechen.

Literatur

Baumeister, R. F., & Leary, M. R. (1995). The need to belong: Desire for interpersonal attachments as a fundamental human motivation. *Psychological Bulletin, 117*(3), 497–529.

Belk, R. W. (2013). Extended self in a digital world. *Journal of Consumer Research, 40*(3), 477–500.

Hirschman, E. C. (1992). The consciousness of addiction: Toward a general theory of compulsive consumption. *Journal of Consumer Research, 19*(2), 155–179.

Kasser, T. (2002). *The high price of materialism*. MIT Press.

Kessler, R. C., & Solomon, S. D. (2020). The influence of social media on consumer behavior. *Journal of Psychological Studies, 15*(4), 120–136.

Köhler, M. (2020). *Kaufsucht und Gesellschaft: Eine psychologische Analyse*. Springer.

Leibenstein, H. (1950). Bandwagon, snob, and veblen effects in the theory of consumers' demand. *The Quarterly Journal of Economics, 64*(2), 183–207.

Müller, S. (2021). *Die Psychologie des Kaufens: Warum wir Dinge wollen, die wir nicht brauchen*. Hanser.

Schmidt, L. (2019). *Neuropsychologie des Konsums: Wie unser Gehirn den Markt formt*. Beltz.

Schneider, T., Belk, R., & Holbrook, M. B. (2017). Consumer responses to technological evolution. *Journal of Consumer Research, 44*(2), 329–345.

Solomon, M. R., Bamossy, G. J., Askegaard, S., & Hogg, M. K. (2019a). *Consumer behaviour: A European perspective*. Pearson Education Limited.

Solomon, M. R., Bamossy, G., & Askegaard, S. (2019b). *Consumer behavior: A European perspective*. Pearson Education.

Solomon, M. R. (2020). *Consumer behavior: Buying, having, and being*. Pearson.

Wilson, T. D., & Gilbert, D. T. (2005). Affective forecasting: Knowing what to want. *Current Directions in Psychological Science, 14*(3), 131–134.

3

Selbstdiagnose und Reflexion

Zusammenfassung In diesem Kapitel werden Methoden zur Selbstanalyse vorgestellt, die es ermöglichen, problematische Konsummuster frühzeitig zu erkennen. Checklisten und Reflexionsfragen helfen, die persönlichen Kaufmotive zu hinterfragen und herauszufinden, ob ein übermäßiger Konsum möglicherweise emotionale oder soziale Defizite kompensiert. Darüber hinaus wird untersucht, welche psychologischen und gesellschaftlichen Faktoren Konsumentscheidungen beeinflussen. Das Kapitel lädt den Leser dazu ein, seine bisherigen Kaufgewohnheiten kritisch zu hinterfragen und erste Schritte zur bewussteren Entscheidungsfindung zu gehen.

Veränderung beginnt mit Selbsterkenntnis. Kapitel 3 widmet sich der Frage, wie Sie Ihr eigenes Konsumverhalten kritisch hinterfragen können, um erste Anzeichen von Konsum- und Luxussucht zu erkennen. Mithilfe praktischer Übungen und Checklisten bietet dieses Kapitel Ihnen die Möglichkeit, tiefer in die eigenen Beweggründe und Muster einzutauchen. Es schafft eine Grundlage für Veränderung, indem es Bewusstsein für problematische Verhaltensweisen schafft und gleichzeitig Werkzeuge bereitstellt, um diese zu analysieren. Reflexion ist der Schlüssel, um Ihre Beziehung zum Konsum besser zu verstehen und den ersten Schritt in Richtung eines bewussteren Lebens zu gehen.

3.1 Bin ich gefährdet? Erste Anzeichen von Konsumproblemen

> In diesem Abschnitt erfahren Sie, wie Sie typische Warnsignale von Konsum- oder Luxussucht erkennen können und warum die frühzeitige Reflexion Ihres Verhaltens entscheidend ist, um langfristige Probleme zu vermeiden.

In einer Welt, in der Konsum allgegenwärtig ist, erscheint es zunächst schwierig, zwischen normalem und problematischem Kaufverhalten zu unterscheiden. Doch wie bei jeder Sucht gibt es auch bei Konsum- und Luxussucht klare Warnsignale, die auf eine schleichende Abhängigkeit hindeuten können. Oft beginnt das Problem subtil, fast unmerklich: ein gelegentlicher Impulskauf, der scheinbar harmlos ist, ein „Belohnungseinkauf" nach einem anstrengenden Tag oder das Gefühl, etwas besitzen zu müssen, um sich vollständiger oder besser zu fühlen. Doch genau diese Verhaltensweisen können Anzeichen dafür sein, dass Konsum nicht mehr nur eine Funktion des Bedarfsdeckens erfüllt, sondern als Mittel zur Bewältigung emotionaler oder sozialer Spannungen genutzt wird.

Ein wichtiges Warnsignal ist der Kontrollverlust. Wenn das Bedürfnis zu kaufen überhandnimmt und rationales Denken verdrängt, kann dies auf beginnende Konsumprobleme hinweisen. Ein Praxisbeispiel ist Melanie, eine 29-jährige Lehrerin, die regelmäßig in Online-Shops einkauft. Anfangs waren es gelegentliche Bestellungen, doch mittlerweile verbringt sie täglich Stunden damit, Angebote zu durchstöbern, und gibt dabei weit mehr Geld aus, als sie sich leisten kann. Sie versucht, ihre Ausgaben vor ihrem Partner zu verbergen, und fühlt sich nach dem Kauf oft schuldig. Dieses Gefühl der Schuld, gepaart mit einer Unfähigkeit, das Verhalten zu stoppen, ist ein häufiges Zeichen dafür, dass der Konsum problematisch geworden ist.

Ein weiteres Indiz sind emotionale Reaktionen auf den Kaufakt. Konsumierende, die ihre Einkäufe als Mittel zur Regulation von Stress, Langeweile oder innerer Leere nutzen, berichten oft von einem kurzen Hochgefühl während des Kaufens, gefolgt von Enttäuschung oder Reue. Diese emotionalen Schwankungen sind typisch für suchtähnliches Verhalten und können ein Hinweis darauf sein, dass der Konsum zur Bewältigungsstrategie geworden ist. Studien zeigen, dass Menschen, die zu impulsivem Kaufverhalten neigen, oft Schwierigkeiten haben, ihre Emotionen anders zu regulieren (Kasser, 2002).

Neben emotionalen und finanziellen Aspekten sind auch soziale Warnsignale entscheidend. Wenn Konsumgewohnheiten dazu führen, dass Beziehungen belastet werden, weil Betroffene ihre Ausgaben verheimlichen oder ihre Zeit primär dem Kaufen widmen, ist dies ein ernstes Alarmzeichen. Konsum kann zunehmend isolierend wirken, da sich die Betroffenen auf ihre Käufe fixieren und soziale Interaktionen oder Aktivitäten vernachlässigen.

Die Reflexion über diese Anzeichen ist der erste Schritt, um Konsumprobleme zu erkennen und anzugehen. Ein einfacher Test besteht darin, sich Fragen zu stellen wie: „Kaufe ich Dinge, die ich eigentlich nicht brauche?", „Verbrauche ich mehr Geld, als ich möchte oder kann?" oder „Nutze ich Einkäufe, um mich besser zu fühlen?" Solche Selbsttests können helfen, Muster zu erkennen und Bewusstsein für das eigene Verhalten zu schaffen.

> **Wichtig**
> Die frühzeitige Erkennung von Konsumproblemen kann verhindern, dass sich das Verhalten zu einer Abhängigkeit entwickelt. Es ist hilfreich, ehrlich mit sich selbst zu sein und sich gegebenenfalls Unterstützung zu suchen.

Die Konsequenzen unbeachteter Warnsignale können weitreichend sein. Finanzielle Probleme, psychische Belastungen wie Angst und Depressionen sowie soziale Isolation gehören zu den häufigsten Folgen von Konsumproblemen. Doch mit der richtigen Herangehensweise – durch Reflexion, Selbsttests und professionelle Unterstützung – können diese Entwicklungen verhindert oder rückgängig gemacht werden. Die Auseinandersetzung mit den eigenen Konsumgewohnheiten ist nicht nur ein Zeichen von Selbstfürsorge, sondern auch ein wichtiger Schritt hin zu einem bewussteren, nachhaltigeren Lebensstil (Baumeister & Leary, 1995).

> **Zusammengefasst**
> Dieser Abschnitt hat gezeigt, wie Sie typische Warnsignale von Konsumproblemen erkennen können. Indem Sie auf emotionale, finanzielle und soziale Hinweise achten, können Sie frühzeitig gegensteuern und langfristige Folgen vermeiden. Bewusstheit und Reflexion sind der Schlüssel zu einem gesunden Umgang mit Konsum.

3.2 Warum kaufen wir, was wir kaufen? Eine Selbsteinschätzung

> In diesem Abschnitt erfahren Sie, wie persönliche Konsummuster entstehen, welche Motivationen unser Kaufverhalten beeinflussen und wie Sie diese besser verstehen können.

Unser Kaufverhalten ist geprägt von einer Vielzahl bewusster und unbewusster Einflüsse, die weit über die bloße Notwendigkeit hinausgehen. Warum entscheiden wir uns für ein bestimmtes Produkt, obwohl wir vielleicht eine preiswertere Alternative hätten wählen können? Warum kaufen wir Dinge, die wir nicht wirklich brauchen? Diese Fragen führen uns zu den zugrunde liegenden psychologischen, sozialen und kulturellen Dynamiken, die unser Konsumverhalten steuern. Sich dieser Prozesse bewusst zu werden, ist der erste Schritt, um unsere Entscheidungen zu reflektieren und gegebenenfalls neu zu gestalten.

Kaufen ist selten nur eine rationale Handlung. Studien zeigen, dass emotionale Bedürfnisse eine zentrale Rolle spielen. Ob Freude, Stressbewältigung oder das Bedürfnis nach Anerkennung – unsere Konsumentscheidungen sind oft ein Versuch, diese inneren Wünsche zu erfüllen. Ein besonders eindrückliches Beispiel ist die Wahl eines Statussymbols wie einer teuren Uhr oder eines Luxusautos. Diese Käufe zielen weniger auf die Funktionalität der Produkte ab, sondern auf das soziale Signal, das sie senden. Gleichzeitig gibt es Käufe, die aus dem Wunsch entstehen, sich zu belohnen oder einer emotionalen Leere zu entkommen. Die Freude über den Kauf ist jedoch häufig nur von kurzer Dauer, was viele Menschen in einen Kreislauf aus Kauf und Unzufriedenheit treibt.

Ein weiterer zentraler Faktor, der unser Konsumverhalten beeinflusst, sind soziale Vergleiche. In einer Welt, die von sozialen Medien dominiert wird, erleben wir täglich die Inszenierung von Lebensstilen, die oft an Konsum gekoppelt sind. Diese Inszenierungen wecken in uns den Wunsch, mithalten zu können, und verstärken das Gefühl, dass unser Glück von bestimmten Produkten abhängt. Doch der Vergleich mit anderen ist ein zweischneidiges Schwert: Während er uns motivieren kann, unseren Lebensstandard zu verbessern, führt er auch zu Unzufriedenheit, wenn wir uns nicht leisten können, was andere besitzen. Hier setzt die Reflexion an: Welchen Wert haben diese Käufe wirklich für unser Leben? Und welche Bedürfnisse versuchen wir damit zu stillen?

Neben den emotionalen und sozialen Einflüssen gibt es auch tief verwurzelte kulturelle Prägungen, die unsere Konsummuster formen. In westlichen Gesellschaften ist die Verbindung zwischen Erfolg und materiellem Besitz stark ausgeprägt. Werbung und Marketing verstärken diese Verknüpfung und präsentieren Konsum als Weg zu Glück und Erfüllung. Gleichzeitig fördern moderne Geschäftsmodelle wie „Buy now, pay later" oder personalisierte Empfehlungen ein impulsives Kaufverhalten, das die kritische Auseinandersetzung mit unseren Bedürfnissen erschwert. Der Blick auf diese Dynamiken kann uns helfen, die Rolle des Konsums in unserem Leben bewusster wahrzunehmen und uns von fremdbestimmten Mustern zu lösen (Dittmar, 2008).

Ein praxisnahes Beispiel kann diesen Prozess der Reflexion verdeutlichen. Lena, eine 28-jährige Studentin, beschreibt, dass sie häufig Kleidung kauft, obwohl ihr Kleiderschrank bereits überquillt. „Ich weiß, dass ich es eigentlich nicht brauche, aber in dem Moment fühlt es sich richtig an", sagt sie. Eine Analyse ihres Kaufverhaltens zeigte, dass sie oft in stressigen Phasen einkauft, um sich zu beruhigen oder abzulenken. Durch diese Erkenntnis begann Lena, ihr Verhalten zu hinterfragen und Alternativen zu suchen, um mit Stress umzugehen, beispielsweise durch Sport oder Meditation.

> **Wichtig**
> Der Schlüssel zu einer bewussteren Konsumentscheidung liegt in der Reflexion. Indem Sie Ihre eigenen Motivationen und Muster erkennen, können Sie sich von unbewussten Impulsen lösen und ein nachhaltigeres Kaufverhalten entwickeln.

Die Selbsteinschätzung Ihrer Konsummuster ist ein erster Schritt, um aus automatisierten Verhaltensweisen auszubrechen. Dieser Prozess erfordert jedoch Ehrlichkeit und Geduld. Ein hilfreicher Ansatz ist es, ein Konsumtagebuch zu führen, in dem Sie notieren, was Sie gekauft haben, warum Sie es gekauft haben und wie Sie sich dabei gefühlt haben. Diese Methode kann Ihnen wertvolle Einsichten liefern und Muster aufdecken, die Ihnen vorher nicht bewusst waren.

> **Zusammengefasst**
> Unser Kaufverhalten wird durch eine Vielzahl von emotionalen, sozialen und kulturellen Einflüssen gesteuert. Dieser Abschnitt hat gezeigt, wie wichtig es ist, diese Muster zu erkennen und kritisch zu hinterfragen, um langfristig be-

> wusster und nachhaltiger zu konsumieren. Die Reflexion Ihrer Motivationen ist der Schlüssel zu einer neuen Beziehung zum Konsum.

3.3 Checklisten zur Erkennung von Konsum- und Luxussucht

> In diesem Abschnitt erfahren Sie, wie Sie Ihr eigenes Konsumverhalten reflektieren und mithilfe praxisnaher Checklisten die Risiken für Konsum- und Luxussucht besser einschätzen können.

Die Reflexion über das eigene Kaufverhalten ist der erste Schritt, um herauszufinden, ob dieses Verhalten problematisch oder sogar suchtähnlich ist. In einer Welt, die von Konsumanreizen überflutet ist, fällt es schwer, klare Grenzen zwischen gesundem Konsum und übermäßigem Kaufverhalten zu ziehen. Checklisten bieten dabei eine einfache, aber wirkungsvolle Möglichkeit, sich selbst zu hinterfragen und problematische Muster zu erkennen. Sie sind nicht nur ein Werkzeug zur Diagnose, sondern auch eine Grundlage für die Veränderung.

Ein zentrales Merkmal von Konsumsucht ist der Kontrollverlust. Viele Betroffene berichten, dass sie nicht in der Lage sind, ihren Kaufimpuls zu kontrollieren, selbst wenn sie sich der negativen Konsequenzen bewusst sind.

> **Hinweis**
>
> Eine fundierte Zusammenstellung von Checklisten zu allen Aspekten der Kauf- und Luxussucht finden Sie in Abschn. 9.2.

Ein Beispiel verdeutlicht die Relevanz solcher Checklisten: Laura, eine 29-jährige Studentin, bemerkte, dass sie immer häufiger Kleidung kaufte, obwohl sie diese nicht brauchte. Eine Checkliste half ihr, ihre Ausgaben zu analysieren. Sie stellte fest, dass sie regelmäßig einkaufte, um sich nach stressigen Tagen zu beruhigen, und dabei oft ihren finanziellen Rahmen überschritt. Diese Einsicht war für sie der Ausgangspunkt, bewusstere Entscheidungen zu treffen und Strategien zur Impulskontrolle zu entwickeln.

Die Erkennung von Luxussucht erfordert hingegen eine andere Herangehensweise. Hier steht weniger der Kaufimpuls im Vordergrund, sondern die gezielte Investition in hochpreisige Güter, die als Statussymbole dienen. Fragen wie „Kaufen Sie bestimmte Produkte, um anderen zu imponieren?" oder „Haben Sie das Gefühl, dass Sie ohne Luxusgüter weniger wert sind?" können dabei helfen, den Einfluss des sozialen Drucks und der eigenen Statusorientierung zu hinterfragen. Luxussucht ist oft subtiler als Konsumsucht, da sie gesellschaftlich akzeptiert oder sogar bewundert wird, was die Selbsterkennung erschwert.

> **Praxistipp**
>
> Nehmen Sie sich Zeit, die Checklisten in Abschn. 9.2 ehrlich und ohne Selbstverurteilung auszufüllen. Sie sind kein Test, den man bestehen muss, sondern ein Werkzeug, um sich selbst besser zu verstehen und erste Schritte in Richtung Veränderung zu gehen.

Wissenschaftliche Studien zeigen, dass solche Selbsteinschätzungsinstrumente ein wertvolles Hilfsmittel sind, um Menschen für ihre Verhaltensmuster zu sensibilisieren (Müller, 2021). Sie fördern nicht nur die Auseinandersetzung mit dem eigenen Konsumverhalten, sondern schaffen auch die Basis für weiterführende Schritte, wie die Entwicklung eines bewussteren Umgangs mit Geld und Ressourcen.

Zusammenfassung und Einordnung der Checklisten
Die Checklisten zu diesem Abschnitt sind wertvolle Werkzeuge, um das eigene Konsumverhalten systematisch zu reflektieren, problematische Muster zu erkennen und gezielte Schritte zur Veränderung einzuleiten. Jede Checkliste zielt auf einen spezifischen Aspekt der Konsumsucht ab und trägt dazu bei, ein umfassendes Verständnis für die zugrunde liegenden Mechanismen und deren Auswirkungen zu entwickeln.

1. Selbsterkenntnis durch Reflexion
Die Checklisten beginnen mit allgemeinen Fragen zur Konsumsucht und führen den Nutzer durch eine strukturierte Selbsteinschätzung. Dieser Prozess hilft, unbewusste Verhaltensmuster sichtbar zu machen, wie impulsives Kaufen, emotionale Auslöser und finanzielle Belastungen. Die Verschriftung der Antworten fördert die Auseinandersetzung mit dem eigenen Verhalten und erleichtert die Identifikation von problematischen Tendenzen.

2. Emotionale und kognitive Mechanismen

Ein zentraler Fokus liegt auf den emotionalen und kognitiven Faktoren, die Konsumsucht antreiben. Die Checklisten zu emotionalen Auslösern und kognitiven Verzerrungen vertiefen das Verständnis dafür, wie Stress, Einsamkeit oder irrationale Überzeugungen zu unkontrolliertem Kaufverhalten führen. Indem diese Mechanismen bewusst gemacht werden, schafft der Nutzer die Grundlage für eine gezielte Bearbeitung seiner Herausforderungen.

3. Praktische Interventionen und Strategien

Die Checklisten zur Bewältigung und Veränderung bieten konkrete, umsetzbare Ansätze, um das Konsumverhalten langfristig zu regulieren. Diese umfassen sowohl präventive Maßnahmen, wie das Vermeiden von Triggern, als auch aktive Strategien zur Stärkung der Impulskontrolle und emotionalen Resilienz. Für Betroffene, die Schwierigkeiten haben, selbstständig Veränderungen vorzunehmen, werden zusätzliche Unterstützungsoptionen, wie professionelle Hilfe oder Selbsthilfegruppen, aufgezeigt.

4. Differenzierte Betrachtung der Aspekte

Die Einteilung in spezifische Themenbereiche wie Selbstwert, finanzielle Belastung oder soziale Auswirkungen ermöglicht eine differenzierte Analyse der Konsumsucht. Dadurch können Betroffene gezielt an denjenigen Faktoren arbeiten, die für sie besonders relevant sind. Diese Modularität der Checklisten unterstützt sowohl die individuelle Anpassung der Reflexion als auch eine fokussierte Intervention.

5. Integration und Weiterentwicklung

Die Checklisten bauen aufeinander auf und bieten so einen logischen Entwicklungsprozess: von der ersten Selbsterkenntnis über die Analyse zugrunde liegender Mechanismen bis hin zur Umsetzung nachhaltiger Strategien. Diese strukturierte Herangehensweise ermöglicht es Betroffenen, die Kontrolle über ihr Konsumverhalten zurückzugewinnen, bevor es zu ernsthaften finanziellen, sozialen oder psychischen Folgen kommt.

Zusammenfassend bieten die Checklisten nicht nur eine Möglichkeit zur Selbstdiagnose, sondern auch einen klaren Handlungsrahmen zur Bewältigung von Konsumsucht. Sie fördern die Selbstreflexion, schaffen Bewusstsein für die emotionalen und kognitiv Hintergründe und liefern praktische Ansätze, um die Kontrolle über das eigene Verhalten zurückzugewinnen. Indem sie den Nutzer anleiten, von der Erkenntnis zur Veränderung zu gelangen, sind die Checklisten ein zentraler Bestandteil der Prävention und Intervention bei Konsumsucht.

> **Wichtig**
> Checklisten sind keine Ersatzdiagnose für professionelle Hilfe. Wenn die Ergebnisse auf eine ausgeprägte Konsum- oder Luxussucht hinweisen, sollten Sie eine fundierte Beratung in Betracht ziehen.

Das Ziel dieses Abschnitts ist es, Ihnen Werkzeuge an die Hand zu geben, mit denen Sie Ihr Verhalten kritisch hinterfragen können. Die Checklisten sollen nicht nur Probleme aufzeigen, sondern auch Denkanstöße liefern, um Alternativen zu entwickeln. Sie sind ein erster Schritt, um Ihre Beziehung zum Konsum bewusster zu gestalten und langfristig eine positive Veränderung herbeizuführen.

> **Zusammengefasst**
> Dieser Abschnitt hat gezeigt, wie Checklisten als praktisches Werkzeug dienen können, um problematische Verhaltensmuster zu erkennen und den ersten Schritt in Richtung eines bewussteren Konsumverhaltens zu gehen. Eine ehrliche Auseinandersetzung mit diesen Fragen kann Ihnen helfen, mehr Klarheit über Ihre Beziehung zum Konsum zu gewinnen.

Literatur

Baumeister, R. F., & Leary, M. R. (1995). The Need to Belong: Desire for Interpersonal Attachments as a Fundamental Human Motivation. *Psychological Bulletin, 117*(3), 497–529.

Dittmar, H. (2008). *Consumer culture, identity, and well-being: The search for the „Good Life" and the „Body Perfect"*. Psychology Press.

Faber, R. J., & O'Guinn, T. C. (1992). A clinical screener for compulsive buying. *Journal of Consumer Research, 19*(3), 459–469.

Kahneman, D. (2011). *Thinking, fast and slow*. Farrar, Straus and Giroux.

Kasser, T. (2002). *The high price of materialism*. MIT Press.

Müller, S. (2021). *Die Psychologie des Kaufens: Warum wir Dinge wollen, die wir nicht brauchen*. Hanser.

Schmidt, L. (2019). *Neuropsychologie des Konsums: Wie unser Gehirn den Markt formt*. Beltz.

Solomon, M. R. (2020). *Consumer Behavior: Buying, Having, and Being*. Pearson.

4

Die Ursachen der Sucht

Zusammenfassung Die Ursachen der Konsum- und Luxussucht sind vielschichtig. Dieses Kapitel analysiert individuelle Risikofaktoren wie Persönlichkeitsmerkmale, emotionale Instabilität und mangelnde Impulskontrolle. Auch der Einfluss externer Faktoren – insbesondere Werbung, soziale Medien und gesellschaftliche Konsumnormen – wird kritisch betrachtet. Es wird herausgearbeitet, wie digitale Plattformen personalisierte Kaufanreize schaffen, um Konsumenten zu einer immer höheren Konsumfrequenz zu verleiten. Zudem wird thematisiert, wie tief kulturelle Narrative von Wohlstand und materieller Sicherheit in unser Selbstverständnis eingebettet sind und Kaufzwänge begünstigen.

Was treibt Menschen dazu, die Kontrolle über ihr Konsumverhalten zu verlieren? Kap. 4 widmet sich den tieferliegenden Ursachen der Konsum- und Luxussucht. Von individuellen Persönlichkeitsmerkmalen und psychologischen Risikofaktoren bis hin zu den mächtigen Einflüssen von Werbung, sozialen Medien und kulturellen Normen beleuchtet dieses Kapitel die vielfältigen Mechanismen, die exzessives Kaufverhalten fördern. Ziel ist es, die komplexe Wechselwirkung zwischen inneren Anfälligkeiten und äußeren Dynamiken zu verstehen, um die Wurzeln der Sucht zu erkennen und langfristig bewusster mit Konsum umzugehen.

4.1 Persönlichkeitsmerkmale und individuelle Risikofaktoren

> In diesem Abschnitt erfahren Sie, welche Persönlichkeitsmerkmale und psychologischen Faktoren Menschen anfälliger für Konsumsucht machen, und wie diese Eigenschaften im Zusammenspiel mit sozialen und kulturellen Einflüssen wirken.

Die Anfälligkeit für Konsumsucht wird maßgeblich durch individuelle Persönlichkeitsmerkmale und psychologische Faktoren geprägt. Während äußere Einflüsse wie Werbung oder soziale Medien das Konsumverhalten verstärken, schaffen bestimmte Charaktereigenschaften und Bewältigungsstrategien eine innere Grundlage, die Menschen empfänglicher für problematischen Konsum macht. Es sind diese inneren Faktoren, die bestimmen, ob jemand einem Konsumanreiz widerstehen kann oder in einen Kreislauf aus impulsivem Kaufverhalten und negativen Konsequenzen gerät.

Ein Schlüsselfaktor, der in zahlreichen Studien hervorgehoben wird, ist die Impulsivität. Menschen mit einer hohen Impulsivität treffen Entscheidungen oft ohne langfristige Planung oder Reflexion. Der spontane Kauf eines Produkts dient als unmittelbare Belohnung, die negative Gefühle wie Stress oder Langeweile kurzfristig überdeckt. Diese „sofortige Befriedigung" wird durch die Aktivierung des Belohnungssystems im Gehirn unterstützt, insbesondere durch die Ausschüttung von Dopamin, das ein Gefühl von Freude und Zufriedenheit vermittelt (Müller, 2021). Doch diese Wirkung ist von kurzer Dauer, und die zugrunde liegenden Probleme – sei es emotionaler Stress, Einsamkeit oder Unzufriedenheit – bleiben bestehen. Die fehlende Selbstkontrolle führt oft dazu, dass diese Käufe unüberlegt, finanziell belastend und langfristig kontraproduktiv sind (Rook, 1987).

Dieses Verhaltensmuster wird durch die moderne Konsumumwelt erheblich verstärkt. Die ständige Verfügbarkeit von Produkten, insbesondere durch Online-Shopping, spielt eine zentrale Rolle bei der Förderung impulsiver Kaufentscheidungen. Plattformen wie Amazon oder Zalando haben den Kaufprozess auf wenige Klicks reduziert, wodurch die Hemmschwelle für spontane Entscheidungen sinkt. Funktionen wie „Kaufen mit einem Klick" oder personalisierte Produktvorschläge verstärken die Verlockung, da sie den Kaufprozess beschleunigen und das Gefühl vermitteln, das gewünschte Produkt sei nur einen Augenblick entfernt (Haws & Poynor, 2008). Die Einfachheit und Geschwindigkeit, mit der Käufe abgeschlossen werden können, überlassen wenig Raum für Reflexion oder die Abwägung von Konsequenzen. Ein zusätzlicher verstärkender Faktor ist die psychologische Wirkung von Werbeanreizen und Verkaufsstrategien. Zeitlich begrenzte Angebote, wie „Nur noch heute verfügbar" oder „Nur noch 3 Stück auf Lager", erzeugen künstlichen Druck und fördern impulsives Verhalten. Diese Taktiken nutzen die sogenannte Verlustaversion aus – die Tendenz, Verluste stärker zu empfinden als Gewinne, was dazu führt, dass Menschen lieber sofort zugreifen, als ein vermeintliches Angebot zu verpassen (Tversky & Kahneman, 1991). Für impulsive Käufer kann dies eine besonders starke Wirkung entfalten, da sie ohnehin anfälliger für emotionale Entscheidungen sind.

Die Verlagerung des Konsums ins Digitale hat zudem soziale Vergleiche intensiviert, die ebenfalls impulsives Verhalten fördern. Auf sozialen Medien wie Instagram oder TikTok werden Konsumgüter oft idealisiert präsentiert. Influencer und Werbekampagnen vermitteln den Eindruck, dass der Besitz bestimmter Produkte mit Erfolg, Attraktivität oder Glück gleichzusetzen ist. Menschen mit hoher Impulsivität sind besonders empfänglich für solche Botschaften, da sie eher zu spontanen Handlungen neigen und stärker auf emotionale Reize reagieren (Vohs & Faber, 2007). Der Kauf eines beworbenen Produkts wird dabei als eine Art „schnelle Lösung" empfunden, um das dargestellte Ideal nachzuahmen. Neben den äußeren Einflüssen spielt auch die individuelle Fähigkeit zur Emotionsregulation eine entscheidende Rolle. Menschen, die Schwierigkeiten haben, mit negativen Gefühlen umzugehen, nutzen impulsive Käufe häufig als Bewältigungsstrategie. Der Kaufakt verschafft ein kurzfristiges Gefühl von Kontrolle und Erleichterung, das jedoch schnell verpufft. Studien zeigen, dass diese „selbstmedikative" Nutzung des Konsums langfristig zu noch größerer emotionaler Belastung führen kann, da die finanziellen Konsequenzen zusätzlichen Stress erzeugen und das Gefühl des Kontrollverlusts verstärken (Hirschman, 1992).

> **Wichtig**
> Impulsivität allein führt nicht zwangsläufig zu Konsumsucht. Vielmehr entsteht problematisches Kaufverhalten durch das Zusammenspiel von Persönlichkeitsmerkmalen wie Impulsivität mit äußeren Faktoren wie Marketingstrategien, sozialem Druck und der ständigen Verfügbarkeit von Produkten. Die bewusste Reflexion und der Aufbau alternativer Strategien zur Emotionsregulation sind entscheidende Schritte, um diesem Kreislauf zu entkommen.

Ein weiteres entscheidendes Merkmal ist ein geringes Selbstwertgefühl. Personen mit einem fragilen Selbstbild versuchen oft, ihren Wert durch den Besitz materieller Güter zu definieren. Der Kauf eines neuen Autos, einer Designerhandtasche oder eines technischen Gadgets vermittelt ihnen das Gefühl von sozialer Anerkennung und Erfolg. Doch dieses Gefühl ist meist nur von kurzer Dauer, da das zugrunde liegende Problem – das geringe Selbstwertgefühl – nicht gelöst wird (Dittmar, 2008). Ein Beispiel verdeutlicht diese Dynamik: Sabine, eine 38-jährige Unternehmensberaterin, beschreibt, wie sie nach beruflichen Rückschlägen teure Kleidung kauft, um vor Kollegen souverän zu wirken. „Es gibt mir ein gutes Gefühl, aber tief drinnen weiß ich, dass es nicht wirklich hilft", sagt sie. Ihr Verhalten zeigt, wie stark das Bedürfnis nach Anerkennung und das Vermeiden von Schwäche den Konsum beeinflussen können.

Auch emotionale Sensibilität und ein hohes Maß an Stressempfinden tragen zur Anfälligkeit für Konsumsucht bei. Personen, die Schwierigkeiten haben, mit negativen Emotionen wie Angst, Traurigkeit oder Unsicherheit umzugehen, entwickeln oft Strategien, um diese Gefühle kurzfristig zu unterdrücken. Der Kaufakt wird dabei zu einem scheinbar einfachen Mittel, um innere Spannungen abzubauen und für einen Moment Erleichterung zu erfahren. Wissenschaftliche Studien zeigen, dass dieser Mechanismus eng mit der Aktivierung des Belohnungssystems im Gehirn zusammenhängt. Sobald ein Produkt gekauft wird, schüttet das Gehirn Dopamin aus, das ein kurzfristiges Gefühl von Zufriedenheit und Kontrolle vermittelt. Doch diese Wirkung ist flüchtig. Sobald das Hochgefühl abklingt, kehren die ursprünglichen negativen Emotionen zurück, oft verstärkt durch Schuldgefühle über den unkontrollierten Kauf.

Ein Beispiel aus der Praxis verdeutlicht diese Dynamik: Sarah, eine 42-jährige Lehrerin, beschreibt, wie sie nach einem anstrengenden Tag regelmäßig in Geschäften oder Online-Shops nach Produkten sucht, die sie „aufheitern" sollen. „Ich kaufe Dinge, die ich nicht wirklich brauche, nur um mich für einen Moment besser zu fühlen", sagt sie. Doch kaum sind die Einkäufe gemacht, verspürt sie Unzufriedenheit und beginnt, sich selbst Vorwürfe zu machen. Dieser Kreislauf aus Stress, impulsivem Kaufverhalten und anschließenden Schuldgefühlen führt dazu, dass sich ihre innere Unruhe verstärkt. Sarahs Geschichte zeigt, wie der Konsum als Bewältigungsstrategie nicht nur die emotionalen Probleme ungelöst lässt, sondern oft eine zusätzliche emotionale Belastung schafft. Das Problem liegt darin, dass der Kaufakt zwar kurzfristig als Erleichterung empfunden wird, jedoch die zugrunde liegenden Ursachen für den emotionalen Stress nicht angegangen werden. Menschen, die Konsum als Bewältigungsstrategie nutzen, vermeiden häufig eine direkte Auseinandersetzung mit ihren Gefühlen oder den Situationen, die diese hervorrufen. Der Konsum wird so zu einem Vermeidungsverhalten, das die emotionale Resilienz schwächt und die Abhängigkeit von externen Reizen verstärkt (Hirschman, 1992). Die langfristigen Konsequenzen dieser Verhaltensweise sind jedoch oft gravierend. Der ständige Versuch, emotionale oder soziale Defizite durch Konsum zu kompensieren, kann zu finanziellen Problemen, sozialer Isolation und einer Verstärkung der ursprünglichen negativen Gefühle führen. Zudem fehlt den Betroffenen häufig eine nachhaltige Strategie zur Emotionsregulation, was die Abhängigkeit von Konsum weiter verstärkt. Um diesen Kreislauf zu durchbrechen, ist eine bewusste Auseinandersetzung mit den eigenen Emotionen und Bedürfnissen erforderlich. Techniken wie Achtsamkeit oder gezielte Übungen zur emotionalen Resilienz können dabei helfen, alternative Wege zur Bewältigung von Stress und negativen Gefühlen zu finden.

> **Wichtig**
>
> Der Schlüssel zur Veränderung liegt in der Reflexion der zugrunde liegenden emotionalen Bedürfnisse und der Entwicklung nachhaltiger Strategien zur Emotionsregulation. Konsum kann kurzfristige Linderung verschaffen, doch echte Lösungen erfordern eine tiefergehende Auseinandersetzung mit den Ursachen der emotionalen Belastung.

Ein zentraler Aspekt, der mit den genannten Merkmalen zusammenhängt, ist das Bedürfnis nach sozialer Zugehörigkeit. Konsum wird in einer materialistischen Gesellschaft oft als Mittel genutzt, um Zugehörigkeit zu signalisieren oder sich von anderen abzuheben. Menschen, die stark auf soziale Vergleiche reagieren, sind besonders anfällig für den Druck, durch den Kauf von Markenprodukten oder Statussymbolen ihre soziale Position zu stärken. Dieser Konsummechanismus basiert auf dem sogenannten „symbolischen Kapital", einem Konzept, das beschreibt, wie materielle Besitztümer als Zeichen von Status und Prestige in sozialen Interaktionen interpretiert werden (Bourdieu, 1984).

Studien zeigen, dass dieser Druck durch soziale Medien erheblich verstärkt wird, da Plattformen wie Instagram, TikTok oder Facebook die Darstellung eines „perfekten" Lebensstils fördern (Belk, 2013). In den sozialen Medien werden Bilder von Luxusgütern, exotischen Reisen und aufwendig inszenierten Alltagsmomenten nicht nur geteilt, sondern häufig auch idealisiert und bewundert. Diese visuelle und emotionale Aufwertung von Konsum verstärkt die Wahrnehmung, dass materielle Besitztümer nicht nur wünschenswert, sondern essenziell für Glück und Erfolg sind. Besonders problematisch ist dabei, dass soziale Medien eine konstante Vergleichsmöglichkeit schaffen. Die Nutzer sehen nicht nur den Konsum ihrer Bekannten, sondern auch die inszenierten Lebensstile von Influencern und Prominenten, die oft unerreichbare Standards setzen.

Dieser soziale Druck trifft besonders junge Menschen, deren Identität noch im Aufbau ist. In der Adoleszenz spielt die soziale Anerkennung eine zentrale Rolle, und der Wunsch nach Zugehörigkeit wird häufig durch äußere Merkmale wie Kleidung, Technologie oder andere Statussymbole ausgedrückt. Jugendliche orientieren sich dabei stark an Peergroups und den kulturellen Idealen, die ihnen durch Medien vermittelt werden. Untersuchungen zeigen, dass Jugendliche, die viel Zeit in sozialen Medien verbringen, ein höheres Risiko haben, materialistische Werte zu übernehmen und diese als Grundlage für ihr Selbstwertgefühl zu betrachten (Chaplin & John, 2007). Dieses Verhalten kann sie in einen Kreislauf aus übermäßigem Konsum und Unzufriedenheit treiben, da die Erfüllung durch Konsum nur temporär ist.

> **Hinweis auf Übung 4**
> Diese Übung finden Sie in Abschn. 9.3.4 „Reflexion der persönlichen Konsumauslöser". Sie ist besonders hilfreich, um die emotionalen und situativen Auslöser für Ihr Konsumverhalten zu identifizieren. Sie bietet eine Grundlage, um gezielte Maßnahmen zur Reduktion impulsiver Käufe zu entwickeln und langfristig bewusster mit Ihrem Konsum umzugehen.

Doch nicht nur Jugendliche sind betroffen. Auch Erwachsene stehen unter dem Einfluss sozialer Vergleiche. In beruflichen Kontexten oder sozialen Netzwerken wird oft erwartet, dass man bestimmte Standards erfüllt – sei es durch Kleidung, technische Geräte oder den Lebensstil. Diese Erwartungen erzeugen subtilen, aber nachhaltigen Druck, der die Bereitschaft erhöht, Geld für Produkte oder Dienstleistungen auszugeben, die weniger funktionalen als vielmehr symbolischen Charakter haben. Dieser Mechanismus ist auch in der Arbeitswelt spürbar, wo der Besitz bestimmter Gegenstände – von Markenkleidung bis hin zu Luxusautos – als Indikator für beruflichen Erfolg wahrgenommen wird.

Soziale Medien und die damit einhergehende Konsumkultur verstärken diesen Druck, indem sie einen endlosen Strom von Bildern und Botschaften erzeugen, die die Vorstellung stützen, dass Glück und Erfolg untrennbar mit dem Erwerb von Gütern verbunden sind. Diese Idealisierung materialistischer Werte fördert nicht nur übermäßigen Konsum, sondern trägt auch zur Entwicklung einer mentalen Abhängigkeit bei, in der Selbstwert und soziale Anerkennung stark vom Besitz abhängen. Die ständige Verfügbarkeit von Konsumgütern und die Einfachheit des Online-Shoppings tragen zusätzlich dazu bei, diesen Mechanismus aufrechtzuerhalten.

> **Wichtig**
> Die reflexionsfreie Übernahme von Konsum als Mittel zur sozialen Zugehörigkeit verstärkt nicht nur individuelle Abhängigkeiten, sondern trägt auch zu gesellschaftlichen und ökologischen Problemen bei. Ein bewusster Umgang mit den Mechanismen sozialer Medien und den Dynamiken sozialer Vergleiche ist essenziell, um diesem Druck entgegenzuwirken.

Die Kombination aus inneren und äußeren Faktoren zeigt, dass Konsumsucht eine komplexe Dynamik besitzt. Individuelle Charaktereigenschaften schaffen die Grundlage, während soziale und kulturelle Einflüsse wie der ständige Zugang zu Konsumgütern und die Idealisierung von Materialismus diese Neigung verstärken. Präventive Strategien sollten daher nicht nur die individuellen Schwächen adressieren, sondern auch die gesellschaftlichen Bedingungen hinterfragen, die dieses Verhalten fördern.

> **Wichtig**
> Persönlichkeitsmerkmale wie Impulsivität oder ein geringes Selbstwertgefühl machen Menschen nicht automatisch süchtig. Vielmehr entstehen problematische Verhaltensmuster oft durch das Zusammenspiel dieser Merkmale mit äußeren Faktoren wie sozialen Normen oder Werbebotschaften. Eine bewusste Reflexion kann helfen, diese Mechanismen zu durchbrechen.

> **Zusammengefasst**
> - **Individuelle Persönlichkeitsmerkmale als Grundlage der Konsumsucht:** Persönlichkeitsmerkmale wie Impulsivität, geringes Selbstwertgefühl und emotionale Sensibilität erhöhen die Anfälligkeit für Konsumsucht. Diese Eigenschaften begünstigen impulsives Kaufverhalten, das oft als Bewältigungsstrategie für negative Emotionen wie Stress, Angst oder Unsicherheit dient, jedoch keine nachhaltige Lösung bietet.
> - **Äußere Einflüsse und soziale Dynamiken:** Soziale Medien, Werbung und die ständige Verfügbarkeit von Konsumgütern verstärken das süchtige Verhal-

ten. Werbestrategien und idealisierte Lebensstile in sozialen Medien fördern materialistische Werte und suggerieren, dass Glück und Erfolg durch Konsum erreicht werden können. Insbesondere Jugendliche und Menschen mit hohem Vergleichsbedürfnis sind anfällig für diesen sozialen Druck.
- **Die komplexe Wechselwirkung zwischen inneren und äußeren Faktoren:** Konsumsucht entsteht durch das Zusammenspiel individueller Schwächen und gesellschaftlicher Bedingungen. Präventive Ansätze müssen daher sowohl auf die Förderung emotionaler Resilienz und Selbstreflexion abzielen als auch gesellschaftliche Dynamiken wie die Idealisierung von Materialismus kritisch hinterfragen. Ein bewusster Umgang mit Konsumanreizen kann helfen, den Kreislauf des süchtigen Verhaltens zu durchbrechen.

Dieser Abschnitt hat aufgezeigt, wie Persönlichkeitsmerkmale wie Impulsivität, niedriges Selbstwertgefühl und emotionale Sensibilität die Anfälligkeit für Konsumsucht erhöhen. Das Verständnis dieser Faktoren ist entscheidend, um präventive Maßnahmen zu entwickeln und den Einfluss von äußeren Konsumanreizen zu reduzieren.

4.2 Der Einfluss von Werbung, sozialen Medien und digitalem Konsum

> In diesem Abschnitt erfahren Sie, wie Unternehmen manipulative Strategien einsetzen, um unser Kaufverhalten gezielt zu beeinflussen, und wie diese Mechanismen unser Denken und Handeln prägen.

Werbung und soziale Medien sind allgegenwärtig. In jeder Minute unseres Alltags werden wir mit Botschaften, Bildern und Videos konfrontiert, die uns Produkte und Dienstleistungen schmackhaft machen sollen. Diese Botschaften sind jedoch nicht zufällig, sondern das Ergebnis hochentwickelter psychologischer und technologischer Strategien, die darauf abzielen, unsere Aufmerksamkeit zu fesseln, unsere Bedürfnisse zu wecken und letztlich unser Kaufverhalten zu steuern. Der digitale Konsum verstärkt diesen Einfluss noch, indem er personalisierte Daten nutzt, um uns genau das zu präsentieren, was wir im richtigen Moment zu wollen scheinen.

Ein Hauptaspekt dieser Manipulation ist die Nutzung emotionaler und psychologischer Hebel. Werbung zielt darauf ab, nicht nur Produkte zu verkaufen, sondern Gefühle zu erzeugen. Sie weckt das Verlangen nach Glück, Anerkennung oder Zugehörigkeit, die mit dem Kauf bestimmter Produkte vermeintlich verbunden sind. So vermittelt eine Werbeanzeige für ein Luxusauto nicht nur die Vorzüge des Fahrzeugs, sondern auch das Gefühl von

Erfolg und Status. Studien zeigen, dass diese emotionale Aufladung von Konsumgütern einen erheblichen Einfluss auf unser Verhalten hat, da sie unser Unterbewusstsein anspricht und rationale Überlegungen oft übergeht (Belk, 2013).

Soziale Medien haben diese Mechanismen revolutioniert. Plattformen wie Instagram, Facebook und TikTok nutzen Algorithmen, die nicht nur unser Konsumverhalten analysieren, sondern es aktiv beeinflussen. Sie zeigen uns gezielt Inhalte, die unsere Aufmerksamkeit fesseln und unseren Wunsch nach sozialen Vergleichen verstärken. Influencer spielen dabei eine Schlüsselrolle. Indem sie Produkte scheinbar authentisch in ihrem Alltag präsentieren, schaffen sie eine emotionale Verbindung, die klassische Werbung oft nicht erreichen kann. Ein Beispiel ist Anna, eine junge Mutter, die regelmäßig Produkte aus dem Bereich Kinderbekleidung auf Instagram bewirbt. Ihre Follower vertrauen ihr, da sie das Gefühl haben, Teil ihres Lebens zu sein. Die Produkte, die sie empfiehlt, werden nicht nur gekauft, weil sie nützlich erscheinen, sondern weil sie eine Verbindung zu Anna herstellen.

Diese Form der Manipulation ist besonders effektiv, da sie tief in unsere psychologische Bedürfnisstruktur eindringt. Menschen haben ein grundlegendes Bedürfnis nach Zugehörigkeit und sozialer Anerkennung (Baumeister & Leary, 1995). Indem soziale Medien diese Bedürfnisse gezielt ansprechen, verstärken sie den Druck, durch Konsum Teil eines vermeintlich idealen Lebensstils zu werden. Die durch Influencer dargestellten Produkte sind dabei nicht nur Konsumgüter, sondern Symbole eines Lebens, das viele ihrer Follower anstreben. Dies macht die Werbung subtiler, aber auch umso wirkungsvoller, da sie auf sozialen Beziehungen basiert, die in der digitalen Welt als authentisch wahrgenommen werden.

Parallel dazu hat die Kombination aus Werbung und algorithmischer Datenanalyse ein neues Niveau der Zielgruppenspezifität erreicht. Plattformen analysieren nicht nur, welche Produkte wir kaufen, sondern auch, wie wir uns fühlen und wie wir uns in bestimmten Kontexten verhalten. Diese Informationen werden genutzt, um uns personalisierte Werbung zu zeigen, die unsere aktuellen Bedürfnisse oder emotionalen Zustände anspricht. Eine Studie von Zuboff (2019) zeigt, wie diese „Überwachungskapitalismus"-Techniken nicht nur unser Verhalten vorhersagen, sondern es aktiv formen können. Wenn ein Nutzer beispielsweise nach einer stressigen Woche vermehrt nach Entspannungsprodukten sucht, könnten ihm gezielt Anzeigen für Wellness-Urlaube oder luxuriöse Spa-Behandlungen angezeigt werden. Solche maßgeschneiderten Inhalte verstärken die Wirkung der Werbung und machen es für den Konsumenten schwer, diesen Impulsen zu widerstehen. Dazu kommt die kulturelle Normbildung durch diese Mechanismen.

Konsum wird nicht mehr nur als persönliche Entscheidung, sondern als sozialer Imperativ dargestellt. Wer bestimmte Produkte nicht besitzt oder konsumiert, riskiert, aus dem sozialen Gefüge ausgeschlossen zu werden. So entstehen Konsumzwänge, die nicht nur das individuelle Verhalten beeinflussen, sondern auch den gesellschaftlichen Diskurs prägen. Besonders in jüngeren Generationen ist dieser Effekt stark ausgeprägt, da soziale Medien den Vergleich mit anderen als alltägliches Ritual etabliert haben. Dies führt zu einem stetigen Wettbewerb um Status und Anerkennung, der durch den Kauf von Produkten ausgetragen wird.

> **Wichtig**
>
> Die Erkenntnis, wie tiefgreifend Werbung und soziale Medien unser Konsumverhalten beeinflussen, ist ein entscheidender Schritt, um bewusster mit diesen Mechanismen umzugehen. Achtsamkeit und kritisches Denken können helfen, sich gegen die subtilen Manipulationen zu wappnen und nachhaltigere Entscheidungen zu treffen.

Die langfristigen Auswirkungen dieser Entwicklungen sind sowohl individuell als auch gesellschaftlich spürbar. Individuen leiden zunehmend unter dem Druck, ihre Identität und ihren sozialen Wert durch den Besitz bestimmter Güter zu definieren. Gleichzeitig verschärfen diese Dynamiken soziale Ungleichheiten, da nicht jeder die finanziellen Mittel hat, um mit den Konsumstandards mitzuhalten. Gesellschaftlich führt die ständige Förderung von Konsum zu einer Überproduktion von Gütern und einer massiven Belastung der Umwelt. Werbung und soziale Medien sind dabei nicht nur Treiber, sondern auch Verstärker dieser Problematik.

Eine weitere Dimension des digitalen Konsums ist die Personalisierung. E-Commerce-Plattformen wie Amazon oder Zalando nutzen umfangreiche Daten, um uns Produkte vorzuschlagen, die unseren Vorlieben und bisherigen Kaufentscheidungen entsprechen. Diese personalisierten Empfehlungen sind so gestaltet, dass sie Kaufimpulse auslösen. Besonders effektiv ist dabei die Technik der Verknappung, bei der angezeigt wird, dass ein Produkt „nur noch wenige Stück verfügbar" ist. Diese Botschaften erzeugen das Gefühl, eine einmalige Gelegenheit zu verpassen, was unseren Kaufdruck erhöht. Solche Techniken basieren auf psychologischen Prinzipien wie dem sogenannten Loss-Aversion-Effekt, der beschreibt, dass wir Verluste stärker empfinden als Gewinne (Kahneman & Tversky, 1979). Zusätzlich wird die

Personalisierung durch sogenannte Algorithmic Nudges verstärkt. Diese Algorithmen analysieren nicht nur unsere Kaufhistorie, sondern auch unser Online-Verhalten, wie die Verweildauer auf bestimmten Produktseiten oder Suchanfragen. Auf Basis dieser Daten werden maßgeschneiderte Empfehlungen erstellt, die unsere individuellen Vorlieben präzise ansprechen. Solche Nudges sind besonders effektiv, da sie das Gefühl vermitteln, dass die vorgeschlagenen Produkte speziell für uns ausgewählt wurden. Diese gezielte Ansprache erhöht nicht nur die Wahrscheinlichkeit eines Kaufs, sondern verstärkt auch die emotionale Bindung an die Plattform. Der Konsument fühlt sich verstanden und wahrgenommen, was wiederum die Hemmschwelle senkt, impulsiv einzukaufen. Ein weiteres häufig genutztes Prinzip ist das Social-Proof-Phänomen, das ebenfalls stark im digitalen Konsum verankert ist. Plattformen präsentieren Bewertungen, Kundenrezensionen und Bestsellerlisten, um die Entscheidung des Käufers zu beeinflussen. Der Gedanke, dass andere Menschen ein bestimmtes Produkt positiv bewerten oder häufig kaufen, vermittelt Sicherheit und steigert die Attraktivität dieses Produkts. Besonders soziale Medien und Influencer-Marketing haben diesen Effekt verstärkt, indem sie den Konsum bestimmter Produkte als erstrebenswertes Statussymbol darstellen. Durch diese Mechanismen wird der Kaufakt nicht nur rational begründet, sondern auch emotional aufgeladen. Die psychologische Wirkung dieser Strategien wird zusätzlich durch Gamification-Elemente gesteigert. Viele Plattformen belohnen uns mit virtuellen Punkten, Rabatten oder exklusiven Angeboten, wenn wir häufiger einkaufen. Solche Mechanismen fördern das Verlangen nach wiederholtem Kaufverhalten, da sie das Belohnungssystem im Gehirn aktivieren. Der Kauf wird dadurch nicht mehr nur als Transaktion wahrgenommen, sondern als Teil eines Spiels, bei dem es gilt, Belohnungen zu sammeln und vermeintliche Vorteile zu maximieren. Diese Dynamik kann besonders bei Personen mit einer hohen Neigung zu impulsivem Verhalten oder geringer Selbstkontrolle problematisch werden, da sie durch solche Mechanismen stärker zum Konsum angeregt werden.

Die Kombination aus Personalisierung, Verknappung, Social Proof und Gamification schafft ein hochgradig stimulierendes Konsumerlebnis, das auf den Grundprinzipien der Verhaltenspsychologie basiert. Während diese Strategien aus Sicht der Unternehmen effektiv und gewinnsteigernd sind, werfen sie zugleich ethische Fragen auf. Die gezielte Manipulation von Kaufentscheidungen kann dazu führen, dass Konsumenten mehr ausgeben, als sie sich leisten können, oder Produkte erwerben, die sie nicht wirklich benötigen. Besonders gefährdet sind dabei vulnerable Gruppen wie Jugendliche oder Menschen mit geringem Selbstwertgefühl, die anfälliger für solche manipulativen Techniken sind.

Der digitale Konsum hat durch diese Strategien eine neue Ebene erreicht, in der der Kaufakt nicht mehr nur durch die Bedürfnisse des Konsumenten bestimmt wird, sondern in hohem Maße durch externe Stimuli gesteuert wird. Das Verständnis dieser Mechanismen ist essenziell, um bewusster mit den eigenen Kaufentscheidungen umzugehen und den Einfluss digitaler Plattformen kritisch zu hinterfragen.

Neben der Verknappung spielt auch die Gamification für sich eine immer größere Rolle im digitalen Konsum. Belohnungssysteme, Punkte und Rabattaktionen schaffen ein spielähnliches Erlebnis, das uns dazu verleitet, mehr Zeit und Geld auf einer Plattform zu verbringen. Ein Praxisbeispiel zeigt, wie diese Mechanismen wirken: Tom, ein 28-jähriger Grafikdesigner, berichtet, wie er von einer Rabattaktion auf einer Shopping-Plattform angelockt wurde. „Ich wollte eigentlich nur eine Hose kaufen, aber durch die ‚Kaufe drei, zahle zwei'-Aktion habe ich am Ende fünf Artikel gekauft, die ich eigentlich nicht brauchte." Die Kombination aus Rabatt, Verknappung und einer spielerischen Ansprache hat ihn dazu gebracht, seine ursprünglichen Kaufpläne komplett zu ändern.

> **Wichtig**
> Digitale Plattformen und soziale Medien nutzen gezielt unsere Schwächen aus, um unser Kaufverhalten zu steuern. Bewusstsein über diese Mechanismen ist der erste Schritt, um sich ihnen zu entziehen und bewusster zu konsumieren.

Der Einfluss von Werbung und sozialen Medien endet jedoch nicht beim Kauf. Sie verändern auch unser Denken über Konsum. Durch die ständige Konfrontation mit idealisierten Bildern und Botschaften entsteht der Eindruck, dass ein glückliches Leben untrennbar mit dem Besitz bestimmter Produkte verbunden ist. Diese „Materialismus-Illusion" führt dazu, dass Konsum nicht mehr als Mittel zum Zweck, sondern als Selbstzweck wahrgenommen wird. Besonders gefährdet sind junge Menschen, deren Identität noch im Aufbau ist und die stärker auf soziale Bestätigung angewiesen sind (Kasser, 2002).

4 Die Ursachen der Sucht

> **Hinweis auf Übung 5**
> Diese Übung finden Sie in Abschn. 9.3.5 „Kaufimpulse bewusst hinterfragen". Sie bietet Ihnen einfache und umsetzbare Strategien, um Ihr Konsumverhalten bewusster zu steuern und Kaufimpulse kritisch zu hinterfragen. Nehmen Sie sich bewusst Zeit, um diese Übung in Ihren Alltag zu integrieren, und beobachten Sie, wie sie Ihre Wahrnehmung und Entscheidungen verändert.

Die Herausforderung besteht darin, sich diesen Einflüssen bewusst zu werden und Strategien zu entwickeln, um ihnen entgegenzuwirken. Eine Möglichkeit ist die Förderung von Medienkompetenz, die uns hilft, Werbung und digitale Inhalte kritisch zu hinterfragen. Ebenso wichtig ist es, Achtsamkeit im Umgang mit sozialen Medien und digitalen Plattformen zu üben, etwa durch bewusste Pausen oder die Begrenzung von Bildschirmzeit.

> **Zusammengefasst**
> - **Psychologische Manipulation durch Werbung und soziale Medien:**
>   Werbung und soziale Medien nutzen gezielt psychologische Mechanismen wie emotionale Aufladung, soziale Vergleiche und algorithmische Personalisierung, um Kaufimpulse zu erzeugen. Diese Strategien greifen tief in die Bedürfnisse nach Zugehörigkeit, Anerkennung und Glück ein und steuern so unser Konsumverhalten. Influencer-Marketing und Gamification verstärken diesen Effekt, indem sie den Konsum als Teil eines idealisierten Lebensstils oder spielerischen Erlebnisses darstellen.
> - **Dynamiken des digitalen Konsums:**
>   Personalisierte Algorithmen und Techniken wie Verknappung, Social Proof und Belohnungssysteme schaffen ein hoch stimulierendes Konsumerlebnis, das den Kaufakt emotional auflädt und rationales Denken oft übergeht. Diese Mechanismen zielen darauf ab, Impulskäufe zu fördern und die Bindung an digitale Plattformen zu erhöhen, was insbesondere bei anfälligen Personengruppen wie Jugendlichen problematisch sein kann.
> - **Gesellschaftliche und individuelle Folgen:**
> - Die ständige Förderung von Konsum durch digitale Plattformen verändert unser Denken und fördert eine materialistische Illusion, in der persönliches Glück eng mit dem Besitz von Gütern verknüpft wird. Dies führt zu finanziellem Druck, Umweltbelastungen und sozialen Ungleichheiten. Um diesen Einflüssen entgegenzuwirken, sind Medienkompetenz, Achtsamkeit und kritisches Hinterfragen digitaler Inhalte zentrale Maßnahmen.
>
> Werbung, soziale Medien und digitaler Konsum nutzen gezielte psychologische Strategien, um unser Kaufverhalten zu beeinflussen und uns süchtig zu machen. Dieser Abschnitt hat gezeigt, wie wichtig es ist, diese Mechanismen zu erkennen, um selbstbestimmte Entscheidungen zu treffen und sich dem manipulativen Einfluss zu entziehen.

4.3 Wie Gesellschaft und Kultur unsere Konsumgewohnheiten prägen

> In diesem Abschnitt erfahren Sie, wie kulturelle Normen und gesellschaftliche Dynamiken unsere Konsumgewohnheiten beeinflussen und welche Rolle sie bei der Entstehung von Konsumzwängen spielen.

Unsere Konsumgewohnheiten sind unmittelbar in den grundlegenden sozialen Strukturen unserer Gesellschaft verankert. Sie werden nicht allein durch individuelle Vorlieben oder Bedürfnisse geprägt, sondern sind das Ergebnis eines komplexen Zusammenspiels von kulturellen Normen, sozialen Dynamiken und ökonomischen Systemen. In einer Welt, die Konsum als universelle Lösung für Lebensprobleme darstellt, wird der Kaufakt nicht nur als Handlung des Bedarfs verstanden, sondern als Mittel zur Selbstdefinition, sozialen Positionierung und emotionalen Bewältigung. Dieser Abschnitt untersucht, wie gesellschaftliche und kulturelle Faktoren Konsumzwänge begünstigen und aufrechterhalten.

Eine zentrale Rolle spielen kulturelle Normen, die den Konsum als Ausdruck von Individualität und Freiheit verherrlichen. In westlichen Gesellschaften wird materieller Besitz häufig mit Erfolg, Selbstverwirklichung und sozialer Anerkennung gleichgesetzt. Diese Werte werden durch Werbung, Medien und Unterhaltung kontinuierlich verstärkt und verinnerlicht. Werbung vermittelt nicht nur die Botschaft, dass Glück und Erfüllung durch den Kauf bestimmter Produkte erreichbar sind, sondern sie suggeriert auch, dass der Verzicht auf Konsum einem persönlichen Scheitern gleichkommt. Der Konsument wird in eine Rolle gedrängt, in der der Erwerb von Gütern zum Maßstab für persönliches Glück und gesellschaftlichen Wert wird.

Dieser kulturelle Mythos des „besseren Lebens durch Konsum" führt dazu, dass der Akt des Kaufens nicht nur eine rein funktionale Handlung ist, sondern eine tiefere symbolische Bedeutung erhält. Der Kauf eines Produkts wird zu einem Akt der Selbstdarstellung, der Identität, Werte und soziale Zugehörigkeit kommuniziert (Baudrillard, 1998). So entsteht eine Konsumkultur, in der Güter als kulturelle Codes interpretiert werden, die soziale Unterschiede markieren und Zugehörigkeit signalisieren. Ein Smartphone wird nicht nur wegen seiner Funktionalität gekauft, sondern auch, weil es ein bestimmtes Bild von Modernität und Status vermittelt. Eine Designerhandtasche ist nicht nur ein praktisches Accessoire, sondern ein Statement über Stil, Klasse und Exklusivität.

Besonders sichtbar wird diese Symbolik des Konsums in kulturellen Ritualen, die zunehmend vom Kaufverhalten geprägt sind. Ob es die aufwendigen Weihnachtsgeschenke, das luxuriöse Hochzeitskleid oder die extravaganten Partys zum Schulabschluss sind – Konsum ist fest in die Rituale eingebunden, die Gemeinschaft, Tradition und Identität stärken sollen. Diese Rituale sind jedoch oft von Erwartungen und Zwängen begleitet, die den Konsumdruck erhöhen. Wer keine großzügigen Geschenke macht oder keine außergewöhnlichen Feiern veranstaltet, läuft Gefahr, als weniger erfolgreich oder engagiert wahrgenommen zu werden. Der Konsum wird so nicht nur zum Mittel der Selbstdarstellung, sondern auch zum Ausdruck von sozialem Kapital, das im Wettstreit mit anderen eingesetzt wird. Der Konsumzwang wird zudem durch soziale Medien verstärkt, die eine Plattform für die ständige Präsentation von Lebensstilen und Besitztümern bieten. Plattformen wie Instagram, TikTok oder Pinterest setzen neue Standards für das, was als „erfolgreiches Leben" gilt. Hier wird der Besitz von Luxusgütern, teuren Reisen oder exklusiven Erlebnissen zur Voraussetzung für sozialen Status und Anerkennung. Dieses Phänomen des „kulturellen Schaufensters" verstärkt nicht nur die Konsummuster, sondern auch das Gefühl des sozialen Vergleichs, das zu Unzufriedenheit und einem verstärkten Kaufimpuls führen kann (Belk, 2013). Ein weiterer Aspekt dieser kulturellen Dynamik ist die zunehmende Kurzlebigkeit der Produkte, die als Wegwerfmentalität beschrieben werden kann. Modetrends, technische Innovationen und gezielte Obsoleszenz schaffen ein Umfeld, in dem Konsumgüter schnell an Wert verlieren und ständig durch Neuanschaffungen ersetzt werden müssen. Diese Praxis ist nicht nur ökologisch bedenklich, sondern verstärkt auch das Gefühl, dass persönlicher Wert und gesellschaftliche Zugehörigkeit von der Aktualität des Besitzes abhängen. Der Konsument wird in einen Kreislauf aus Kaufen, Nutzen und Ersetzen gezogen, der kaum Raum für Reflexion oder nachhaltige Entscheidungen lässt. Die kulturelle Überhöhung des Konsums hat jedoch auch psychologische Konsequenzen. Sie kann zu einem Gefühl der inneren Leere führen, da der symbolische Wert der Güter selten die tiefere Erfüllung bietet, die Menschen eigentlich suchen. Der Versuch, durch Konsum Identität und Status zu definieren, schafft oft eine fragile Selbstwahrnehmung, die von äußeren Bestätigungen abhängig ist. Studien zeigen, dass Menschen, die stark materialistische Werte verfolgen, häufiger unter Unzufriedenheit, Ängsten und einem geringen Selbstwertgefühl leiden (Kasser, 2002). Konsum wird so zum Ersatz für echte Erfüllung und soziale Verbindungen – ein Mechanismus, der kurzfristige Befriedigung bringt, aber langfristig das Gefühl der Entfremdung verstärken kann. Besonders stark ist der Einfluss sozialer Dynamiken, die den Konsumdruck erhöhen. Der Vergleich mit anderen Menschen – ob Freunden, Kollegen oder Prominenten – verstärkt das Bedürfnis, mit dem gesellschaftlichen Standard mitzuhalten. In einer von sozialen Medien geprägten Welt wird dieser Vergleich nahezu unvermeidlich. Plattformen wie Instagram oder TikTok bieten eine Bühne für die Selbstdarstellung, auf der Konsumgüter als Symbole für Erfolg, Schönheit oder Glück inszeniert werden. Ein Beispiel dafür ist die „Unboxing-Kultur", bei der Influencer ihre neuesten Einkäufe präsentieren und ihre Follower dazu animieren, ähnliche Produkte zu kaufen. Diese Dynamik verstärkt nicht nur den Konsumdruck, sondern fördert auch die Normalisierung von exzessivem Kaufverhalten, das als sozial akzeptabel oder sogar erstrebenswert dargestellt wird (Belk, 2013).

Ein weiteres Beispiel ist die Rolle von Konsum in kollektiven sozialen Normen. In vielen Gesellschaften wird der Besitz bestimmter Güter mit sozialer Anerkennung und Zugehörigkeit gleichgesetzt. Die Entscheidung für ein neues Smartphone, eine Marke oder ein Auto wird nicht allein durch den praktischen Nutzen bestimmt, sondern durch die symbolische Bedeutung, die das Produkt vermittelt. Die Einführung neuer Technologien oder Modetrends schafft zudem das Gefühl, ständig auf dem neuesten Stand bleiben zu müssen. Diese Dynamik führt dazu, dass Konsumzwänge nicht nur individuell, sondern kollektiv erlebt werden. Wer nicht mithält, riskiert, als rückständig oder „außen vor" wahrgenommen zu werden.

Kulturelle und gesellschaftliche Faktoren prägen nicht nur die Konsumgewohnheiten von Individuen, sondern schaffen auch Strukturen, die exzessives Kaufverhalten fördern und aufrechterhalten. Ein besonders prägnantes Beispiel dafür ist das zunehmend populäre „Buy now, pay later"-Modell. Dieses System erleichtert den Konsum auf Kredit, indem es den unmittelbaren Erwerb von Waren ermöglicht, während die finanzielle Belastung in die Zukunft verschoben wird. Die psychologischen Barrieren, die normalerweise mit dem Ausgeben von Geld verbunden sind, werden dadurch effektiv umgangen. Das Gefühl, dass der tatsächliche finanzielle Aufwand erst später relevant wird, senkt die Hemmschwelle für Impulskäufe und fördert eine Haltung, in der kurzfristige Befriedigung über langfristige finanzielle Sicherheit gestellt wird.

Dieser Mechanismus wird durch die vorherrschende Kultur der Sofortbefriedigung weiter verstärkt, die in vielen westlichen Gesellschaften tief verankert ist. Diese Kultur betont schnelle Ergebnisse, unmittelbare Bedürfnisbefriedigung und den Verzicht auf das Warten. Die Fähigkeit, Bedürfnisse zu verzögern – ein zentraler Bestandteil von Selbstkontrolle und nachhaltigem Verhalten – wird in einem solchen Kontext zunehmend entwertet. Stattdessen wird das Narrativ gefördert, dass alles sofort verfügbar sein muss: von

Streaming-Diensten über Schnelllieferungen bis hin zu Krediten, die den Kauf von Luxusgütern ermöglichen. Die Verknüpfung von ökonomischen Systemen mit kulturellen Werten ist hierbei entscheidend. Ökonomische Mechanismen wie das „Buy now, pay later"-Modell spiegeln nicht nur bestehende Werte wider, sondern tragen aktiv dazu bei, Konsumzwänge zu verstärken. Sie schaffen eine Umgebung, in der der Konsum als Mittel zur Problemlösung und zur Erhöhung des persönlichen Glücks propagiert wird. Dies wird durch Marketingstrategien unterstützt, die gezielt emotionale Bedürfnisse ansprechen und Produkte als unverzichtbare Lösung für persönliche oder soziale Probleme darstellen.

Ein Beispiel dafür ist die Art und Weise, wie Werbung oft das Gefühl der Dringlichkeit erzeugt. Botschaften wie „Nur für kurze Zeit" oder „Letzte Chance" nutzen psychologische Mechanismen, um den Eindruck zu erwecken, dass sofortiges Handeln erforderlich ist. Diese Taktiken verstärken das impulsive Kaufverhalten und tragen dazu bei, die Bereitschaft zu erhöhen, Kreditmodelle wie „Buy now, pay later" zu nutzen. Dies zeigt, wie ökonomische und kulturelle Faktoren ineinandergreifen, um Konsummuster zu formen, die oft unbewusst übernommen werden.

Neben der Werbung spielen auch soziale Medien eine zentrale Rolle in der Förderung exzessiven Konsums. Plattformen wie Instagram oder TikTok schaffen nicht nur Räume für Selbstdarstellung, sondern fungieren auch als Marktplätze, auf denen Produkte direkt beworben und gekauft werden können. Die Möglichkeit, Produkte direkt über eine Plattform zu erwerben, kombiniert mit der Präsentation idealisierter Lebensstile, verstärkt den sozialen Druck, mit bestimmten Konsummustern Schritt zu halten. Diese Form des „sozialen Einkaufens" macht den Konsum nicht nur alltäglicher, sondern auch subtiler, da er eng mit dem Bedürfnis nach sozialer Zugehörigkeit und Anerkennung verknüpft ist.

Die strukturellen Rahmenbedingungen, die exzessiven Konsum fördern, gehen jedoch über die Mechanismen der Werbung und des digitalen Marketings hinaus. Sie sind tief in die wirtschaftlichen und sozialen Systeme eingebettet. Eine materialistische Gesellschaft, in der Erfolg und Status stark mit Besitz und Konsum verknüpft sind, schafft einen kulturellen Kontext, der exzessives Kaufverhalten nicht nur ermöglicht, sondern aktiv belohnt. Dies zeigt sich in der sozialen Akzeptanz von Schulden, insbesondere wenn sie für den Erwerb von Statussymbolen wie Autos, teurer Kleidung oder Elektronikprodukten aufgenommen werden. Die Möglichkeit, sich über Kreditmodelle materielle Wünsche zu erfüllen, wird oft nicht als problematisch angesehen, sondern als legitimer Weg zur Teilnahme an einer konsumorientierten Gesellschaft.

> **Wichtig**
> Die Reflexion über die kulturellen und gesellschaftlichen Einflüsse auf das eigene Konsumverhalten ist entscheidend, um bewusster mit Kaufentscheidungen umzugehen. Ein kritischer Blick auf soziale Normen und mediale Botschaften kann helfen, den Druck zu reduzieren und eigene Werte klarer zu definieren.

Die Verflechtung von Gesellschaft und Konsum hat weitreichende Konsequenzen. Individuen geraten in einen ständigen Kreislauf aus Vergleich, Konsum und Unzufriedenheit, während die Gesellschaft insgesamt eine Kultur des Überflusses fördert, die ökologische und soziale Ungleichheiten verstärkt. Der Einfluss kultureller und sozialer Dynamiken ist dabei subtil, aber allgegenwärtig – von der Art, wie Werbung uns anspricht, bis hin zu den Erwartungen, die wir an uns selbst und andere stellen.

> **Zusammengefasst**
>
> - **Kulturelle und gesellschaftliche Prägung des Konsumverhaltens:** Konsum wird in vielen Gesellschaften als Ausdruck von Individualität, sozialem Status und Erfolg dargestellt. Werbung, soziale Medien und kulturelle Normen verstärken die symbolische Bedeutung von Gütern und fördern Konsummuster, die oft nicht auf tatsächlichen Bedarf, sondern auf emotionalen und sozialen Bedürfnissen basieren.
> - **Mechanismen der Konsumförderung:** Ökonomische Strategien wie das „Buy now, pay later"-Modell und die Nutzung sozialer Medien schaffen eine Umgebung, die impulsives Kaufverhalten erleichtert und Konsumdruck erhöht. Diese Mechanismen nutzen psychologische Prinzipien wie die Dringlichkeit oder das Bedürfnis nach sozialer Zugehörigkeit, um Konsummuster subtil zu beeinflussen.
> - **Konsequenzen und Reflexion:** Exzessiver Konsum führt nicht nur zu individuellen Problemen wie Unzufriedenheit, finanziellen Belastungen und Abhängigkeit, sondern hat auch gesellschaftliche und ökologische Auswirkungen. Eine bewusste Reflexion über die kulturellen und gesellschaftlichen Einflüsse ist entscheidend, um persönliche Werte klarer zu definieren und den Kreislauf aus Vergleich, Konsum und Unzufriedenheit zu durchbrechen.
>
> Dieser Abschnitt hat gezeigt, wie kulturelle Normen und gesellschaftliche Dynamiken unsere Konsumgewohnheiten formen und welche Rolle sie bei der Entstehung von Konsumzwängen spielen. Die Reflexion dieser Einflüsse ist der erste Schritt, um eigene Werte und Prioritäten von gesellschaftlichem Druck zu trennen und bewusster mit Konsumanreizen umzugehen.

Literatur

Baudrillard, J. (1998). *The consumer society: Myths and structures*. Sage.
Baumeister, R. F., & Leary, M. R. (1995). The need to belong: Desire for interpersonal attachments as a fundamental human motivation. *Psychological Bulletin, 117*(3), 497–529.
Belk, R. W. (2013). Extended self in a digital world. *Journal of Consumer Research, 40*(3), 477–500.
Bourdieu, P. (1984). *Distinction: A social critique of the judgement of taste*. Harvard University Press.
Chaplin, L. N., & John, D. R. (2007). Growing up in a material world: Age differences in materialism in children and adolescents. *Journal of Consumer Research, 34*(4), 480–493.
Dittmar, H. (2008). *Consumer culture, identity and well-being: the search for the „good life" and the „body perfect"*. Psychology Press.
Douglas, M., & Isherwood, B. (1996). *The world of goods: Towards an anthropology of consumption*. Routledge.
Featherstone, M. (2007). *Consumer culture and postmodernism*. Sage.
Haws, K. L., & Poynor, C. (2008). Seize the Day! Encouraging Indulgence for the Here and Now. *Journal of Consumer Research, 35*(4), 680–691.
Hirschman, E. C. (1992). The consciousness of addiction: Toward a general theory of compulsive consumption. *Journal of Consumer Research, 19*(2), 155–179.
Kahneman, D., & Tversky, A. (1979). Prospect theory: An analysis of decision under risk. *Econometrica, 47*(2), 263–291.
Kasser, T. (2002). *The high price of materialism*. MIT Press.
McCracken, G. (1988). *Culture and consumption: New approaches to the symbolic Character of consumer goods and activities*. Indiana University Press.
Müller, S. (2021). *Die Psychologie des Kaufens: Warum wir Dinge wollen, die wir nicht brauchen*. München: Hanser.
Rook, D. W. (1987). The buying impulse. *Journal of Consumer Research, 14*(2), 189–199.
Rosen, L. D. (2012). *IDisorder: Understanding our obsession with technology and overcoming its hold on us*. Palgrave Macmillan.
Solomon, M. R. (2020). *Consumer Behavior: Buying, Having, and Being*. Boston: Pearson.
Tversky, A., & Kahneman, D. (1991). Loss aversion in riskless choice: A reference-dependent model. *The Quarterly Journal of Economics, 106*(4), 1039–1061.
Veblen, T. (1899). *The theory of the leisure class: An economic study of institutions*. Macmillan.
Vohs, K. D., & Faber, R. J. (2007). Spent resources: Self-regulatory resource availability affects impulse buying. *Journal of Consumer Research, 33*(4), 537–547.

Zimbardo, P., & Boyd, J. (2008). *The time paradox: The new psychology of time that will change your life.* Free Press.

Zuboff, S. (2019). *The age of surveillance capitalism: The fight for a human future at the new frontier of power.* PublicAffairs.

5

Der Weg aus der Konsumfalle

Zusammenfassung Dieses Kapitel zeigt konkrete Strategien zur Kontrolle von Impulskäufen und zur nachhaltigen Veränderung des eigenen Konsumverhaltens auf. Achtsamkeit wird als Schlüsselkonzept eingeführt, um bewusste Kaufentscheidungen zu treffen. Praktische Methoden zur Selbstkontrolle, wie das bewusste Verzögern von Käufen oder die Vermeidung von Kaufauslösern, werden beschrieben. Ein weiterer Fokus liegt auf der finanziellen Ordnung: Wer seine Finanzen strukturiert und ein klares Bewusstsein für seine Ausgaben entwickelt, kann sich schrittweise aus der Konsumspirale befreien.

Die Überwindung von Konsumsucht erfordert mehr als Einsicht – sie verlangt gezielte Strategien, bewusste Entscheidungen und eine neue Perspektive auf den Umgang mit Ressourcen. Kap. 5 bietet praktische Ansätze, um Impulskäufe zu kontrollieren, finanzielle Stabilität zu erlangen und einen nachhaltigeren Lebensstil zu entwickeln. Mit Werkzeugen wie Achtsamkeit, Budgetplanung und strukturierten Methoden zeigt dieses Kapitel, wie Sie Schritt für Schritt die Kontrolle über Ihre Konsumgewohnheiten zurückgewinnen können. Es ist eine Einladung, nicht nur alte Muster zu durchbrechen, sondern auch einen positiven, langfristigen Wandel im Umgang mit Konsum und Geld zu schaffen.

5.1 Achtsamkeit als Schlüssel: Wie Sie sich selbst und Ihre Bedürfnisse wahrnehmen

> In diesem Abschnitt erfahren Sie, wie Achtsamkeit als effektives Werkzeug helfen kann, Ihre Gefühle und Kaufimpulse besser zu verstehen und bewusster mit Ihrem Konsumverhalten umzugehen.

In einer Welt, die von ständiger Reizüberflutung und Konsumanreizen geprägt ist, fällt es oft schwer, die eigenen Bedürfnisse klar zu erkennen. Konsum wird häufig als schnelle Lösung für emotionale oder soziale Probleme eingesetzt, ohne dass wir uns der zugrunde liegenden Gefühle bewusst sind. Achtsamkeit bietet hier einen entscheidenden Ansatz, um die Dynamik zwischen unseren Emotionen, Gedanken und Handlungen zu durchbrechen. Sie ermöglicht es, innezuhalten, die wahren Bedürfnisse zu erkennen und dadurch bewusste Entscheidungen zu treffen, anstatt impulsiv zu handeln.

Der Kern der Achtsamkeit liegt in der Fähigkeit, den Moment bewusst wahrzunehmen – ohne Bewertung, ohne Ablenkung. Diese Haltung schafft Raum, um Kaufimpulse zu reflektieren, bevor sie in Handlung übergehen. Statt sofort auf einen vermeintlichen Mangel zu reagieren, bietet die achtsame Wahrnehmung die Möglichkeit, innezuhalten und sich zu fragen: „Brauche ich das wirklich? Oder versuche ich gerade, ein anderes Bedürfnis zu kompensieren?" Diese einfache, aber tiefgreifende Praxis kann dazu beitragen, impulsives Kaufverhalten nachhaltig zu reduzieren (Kabat-Zinn, 2003).

Achtsamkeit bedeutet jedoch mehr, als nur einen Moment des Innehaltens zu schaffen. Sie erfordert, die zugrunde liegenden Emotionen und Gedanken zu erkennen, die oft automatisierte Verhaltensweisen auslösen. In der Praxis bedeutet dies, nicht nur auf den Kaufimpuls zu achten, sondern auch auf die Gefühle, die ihm vorausgehen – sei es Stress, Langeweile, Unsicherheit oder das Bedürfnis nach sozialer Anerkennung. Diese bewusste Wahrnehmung ermöglicht es, einen Schritt zurückzutreten und Alternativen zu finden, um mit diesen Emotionen umzugehen, ohne in Konsum zu verfallen (Siegel, 2010). Ein zentraler Bestandteil der Achtsamkeitspraxis ist das Training des sogenannten „achtsamen Anhaltens". Diese Technik lehrt, den Automatismus zwischen Impuls und Reaktion zu unterbrechen. Ein Beispiel: Wenn ein Kaufimpuls auftaucht, könnte man sich bewusst vornehmen, mindestens fünf Minuten zu warten, bevor man handelt. Während dieser Zeit kann man die eigenen Gedanken und Gefühle beobachten, ohne sich von ihnen überwältigen zu lassen. Diese kurze Unterbrechung reicht oft aus, um den Impuls abflauen zu lassen und eine bewusstere Entscheidung zu treffen (Shapiro et al., 2006).

Ein weiterer Vorteil der Achtsamkeit liegt in der Förderung von Selbstmitgefühl. Viele Menschen, die impulsiv konsumieren, tun dies aus einem inneren Gefühl des Mangels oder der Unzulänglichkeit heraus. Achtsamkeit hilft, diese negativen Selbstbewertungen zu erkennen und durch Mitgefühl mit sich selbst zu ersetzen. Statt sich durch den Kauf von Dingen zu trösten, kann man lernen, sich emotional zu regulieren, indem man sich selbst mit Verständnis und Akzeptanz begegnet (Neff, 2011).

Die Wirkung der Achtsamkeitspraxis geht jedoch über das individuelle Verhalten hinaus. Sie trägt dazu bei, eine tiefere Verbindung zu den eigenen Werten und Prioritäten herzustellen. Viele Menschen berichten, dass sie durch Achtsamkeit ein klareres Verständnis dafür entwickeln, was ihnen wirklich wichtig ist – sei es Zeit mit Familie und Freunden, persönliche Entwicklung oder nachhaltige Lebensweisen. Diese Orientierung hilft, den Fokus vom Konsum als vermeintlicher Quelle des Glücks abzulenken und eine erfüllendere Lebensweise zu finden (Brown & Ryan, 2003).

> **Wichtig**
> Achtsamkeit ist keine kurzfristige Lösung, sondern eine langfristige Praxis. Die bewusste Wahrnehmung der eigenen Impulse und Bedürfnisse erfordert Geduld und Übung, bietet jedoch die Möglichkeit, grundlegende Verhaltensmuster zu verändern und impulsiven Konsum nachhaltig zu reduzieren.

> **Hinweis**
> Schauen Sie sich dazu auch nochmals Übung 1 genauer an.

Ein Beispiel verdeutlicht die Wirksamkeit von Achtsamkeit im Alltag: Markus, ein 41-jähriger IT-Manager, bemerkte, dass er nach stressigen Meetings oft in Online-Shops landete und Dinge kaufte, die er eigentlich nicht brauchte. Durch achtsames Beobachten seiner Gedanken und Gefühle erkannte er, dass sein Kaufimpuls häufig durch den Wunsch nach Kontrolle und Erleichterung ausgelöst wurde. Indem er begann, vor jedem Kauf eine Minute innezuhalten und tief durchzuatmen, konnte er viele dieser Impulse unterbrechen. Statt etwas zu kaufen, entschied er sich oft dafür, einen kurzen Spaziergang zu machen oder sich eine bewusste Pause zu gönnen. Diese kleine Veränderung hatte eine große Wirkung auf sein Konsumverhalten und seine emotionale Ausgeglichenheit.

Achtsamkeit wirkt nicht nur auf individueller Ebene, sondern verändert auch, wie wir gesellschaftliche Konsummuster wahrnehmen. Sie ermöglicht es, die subtilen Manipulationen durch Werbung und soziale Medien zu durchschauen und sich von ihnen zu distanzieren. Wer achtsam ist, erkennt, dass viele Kaufentscheidungen weniger von echten Bedürfnissen als von externen Reizen beeinflusst werden. Diese Erkenntnis stärkt die eigene Autonomie und hilft, sich von äußeren Erwartungen zu lösen.

Die Praxis der Achtsamkeit kann durch einfache Übungen in den Alltag integriert werden. Eine besonders wirksame Methode ist die bewusste Atemübung, bei der Sie sich für ein paar Minuten auf Ihren Atem konzentrieren und versuchen, jeden Kaufimpuls ohne Bewertung zu beobachten. Notieren Sie anschließend Ihre Gedanken und Gefühle, die mit dem Impuls verbunden waren. Diese Reflexion kann Ihnen helfen, Muster zu erkennen und Ihre Entscheidungen bewusster zu treffen.

> **Praxistipp**
>
> Führen Sie ein „Kaufjournal", in dem Sie nicht nur aufzeichnen, was Sie kaufen, sondern auch, warum Sie es gekauft haben und wie Sie sich dabei gefühlt haben. Dieses einfache Werkzeug kann erstaunliche Einsichten liefern und Ihre Achtsamkeit im Umgang mit Konsum langfristig stärken.

Achtsamkeit bedeutet nicht, auf Konsum völlig zu verzichten, sondern bewusster zu entscheiden, was wirklich wichtig ist. Sie erlaubt es, die eigenen Werte und Bedürfnisse in den Vordergrund zu stellen, anstatt sie durch impulsive Handlungen zu überschatten. Dieser Prozess kann nicht nur das Kaufverhalten verändern, sondern auch die Lebensqualität steigern. Wer achtsam konsumiert, investiert nicht in Dinge, die er nicht braucht, sondern in das, was ihn wirklich bereichert – sei es Zeit, Beziehungen oder persönliche Entwicklung.

> **Zusammengefasst**
>
> - **Konsumsucht verstehen und reflektieren:** Achtsamkeit hilft dabei, die zugrunde liegenden emotionalen und kognitiven Mechanismen von Konsumverhalten zu erkennen. Sie ermöglicht, impulsive Kaufentscheidungen zu

hinterfragen, indem sie den Moment zwischen Impuls und Handlung bewusst macht. Durch Übungen wie das Innehalten vor dem Kauf oder das Beobachten eigener Gedanken können automatisierte Verhaltensmuster aufgebrochen werden.
- **Bewusste Entscheidungen treffen:** Achtsamkeit stärkt die Fähigkeit, echte Bedürfnisse von kurzfristigen Wünschen zu unterscheiden. Durch Techniken wie Atemübungen oder das Führen eines Kaufjournals kann ein bewussteres Konsumverhalten etabliert werden. Dies schafft Raum, Entscheidungen im Einklang mit den eigenen Werten zu treffen, anstatt sich von externen Reizen und gesellschaftlichem Druck leiten zu lassen.
- **Langfristige Veränderung und Lebensqualität:** Durch die kontinuierliche Praxis der Achtsamkeit wird nicht nur das Konsumverhalten verändert, sondern auch die emotionale Resilienz gestärkt. Achtsamkeit fördert Selbstmitgefühl, ein tieferes Verständnis der eigenen Bedürfnisse und eine erhöhte Lebenszufriedenheit. Wer bewusst konsumiert, investiert in das, was wirklich bereichert – sei es persönliche Entwicklung, Beziehungen oder nachhaltige Werte.

Achtsamkeit ist ein mächtiges Werkzeug, um impulsives Kaufverhalten zu durchbrechen und die eigenen Bedürfnisse besser zu verstehen. Dieser Abschnitt hat gezeigt, wie Sie durch achtsame Praxis bewusster mit Konsum umgehen können und wie diese Haltung Ihre Lebensqualität nachhaltig verbessert.

5.2 Strategien zur Kontrolle von Impulskäufen

> In diesem Abschnitt erfahren Sie, wie Sie impulsives Kaufverhalten erkennen und mit effektiven Strategien kontrollieren können, um bewusstere und nachhaltigere Entscheidungen zu treffen.

Impulskäufe sind ein zentrales Merkmal problematischen Konsumverhaltens und oft ein Ergebnis emotionaler oder sozialer Trigger. Sie entstehen in der Regel spontan, ohne gründliche Überlegung oder Abwägung der Konsequenzen. Während der Kaufmoment oft ein Gefühl von Freude oder Kontrolle vermittelt, folgt darauf häufig Enttäuschung, Schuld oder Stress – insbesondere, wenn die finanziellen Mittel für den Erwerb nicht vorhanden sind. Um diesen Kreislauf zu durchbrechen, ist es notwendig, die Mechanismen hinter impulsivem Konsumverhalten zu verstehen und gezielte Strategien zu entwickeln, die dieses Verhalten kontrollierbar machen.

Eine der effektivsten Maßnahmen gegen Impulskäufe ist das Schaffen von Bewusstsein. Impulskäufe sind häufig unbewusste Reaktionen auf äußere

Reize wie Sonderangebote, Werbung oder soziale Medien. Studien zeigen, dass viele Menschen impulsiv kaufen, um sich kurzfristig besser zu fühlen oder Stress abzubauen (Rook, 1987). Durch die bewusste Reflexion der eigenen Kaufmotive können diese Muster erkannt und unterbrochen werden. Eine hilfreiche Frage ist beispielsweise: „Brauche ich dieses Produkt wirklich, oder versuche ich, ein anderes Problem zu lösen?" Die Antwort auf diese Frage schafft oft die notwendige Distanz, um impulsives Verhalten zu hinterfragen. Zusätzlich kann das Führen eines „Kauftagebuchs" dabei helfen, den eigenen Kaufgewohnheiten auf den Grund zu gehen. Indem man regelmäßig notiert, was man gekauft hat, warum man es gekauft hat und wie man sich dabei fühlte, wird das Kaufverhalten transparenter. Ein solches Tagebuch kann Muster offenlegen, die vorher nicht bewusst waren, wie beispielsweise das Kaufen aus Langeweile oder das wiederholte Ansprechen durch bestimmte Marketingstrategien. Das Führen eines Kauftagebuchs ermöglicht es auch, konkrete Situationen zu identifizieren, in denen Impulskäufe besonders häufig auftreten, und gezielt Strategien zu entwickeln, um diesen zu begegnen. Ein weiterer Ansatz ist das Schaffen von Hürden im Kaufprozess. Dies kann durch einfache, aber effektive Maßnahmen wie das Löschen von gespeicherten Zahlungsinformationen in Online-Shops oder das Vermeiden von Kreditkartenzahlungen erreicht werden. Studien zeigen, dass die Notwendigkeit, aktiv Zahlungsdaten einzugeben, die Wahrscheinlichkeit von impulsiven Entscheidungen signifikant reduziert (Baumeister et al., 2007). Darüber hinaus kann eine sogenannte „Wartezeitregel" eingeführt werden: Bevor ein nicht unbedingt notwendiges Produkt gekauft wird, wartet man 24 Stunden und prüft, ob der Wunsch nach dem Produkt immer noch besteht. Oft verfliegt der anfängliche Drang, sobald die emotionale Motivation nachlässt.

Auch Achtsamkeitspraktiken haben sich als wirksam erwiesen, um impulsives Kaufverhalten zu reduzieren. Techniken wie Atemübungen oder das bewusste Wahrnehmen von Emotionen können helfen, den Moment des Kaufimpulses bewusst zu erleben, ohne diesem sofort nachzugeben. Achtsamkeit fördert eine innere Distanz zu impulsiven Entscheidungen und ermöglicht es, diese als vorübergehende Reaktionen zu erkennen, die nicht zwangsläufig in Handlungen münden müssen (Shapiro et al., 2006). Regelmäßiges Üben von Achtsamkeit kann langfristig dazu beitragen, das Verhalten nachhaltig zu verändern.

Neben der persönlichen Reflexion und bewussten Entscheidungsfindung spielt auch die Gestaltung der Umgebung eine entscheidende Rolle. Der Verzicht auf Newsletter-Abonnements oder das Blockieren von Werbeanzeigen auf Social-Media-Plattformen kann die Anzahl der Kaufanreize reduzieren. Ebenso hilfreich ist es, beim Einkaufen eine Liste mit klar definierten Produkten zu verwenden, um Spontankäufe zu vermeiden. Diese externen Veränderungen unterstützen die bewusste Kontrolle über den Kaufprozess und reduzieren die Wahrscheinlichkeit, in impulsive Muster zurückzufallen.

Ein weiterer Schlüssel zur Kontrolle von Impulskäufen liegt in der Verzögerung. Der sogenannte „30-s-, 24-h- oder 30-Tage-Trick" hat sich in vielen Fällen bewährt. Dabei verpflichtet sich die Person, vor jedem Kauf kurz innezuhalten und zu überlegen, ob der Kauf wirklich notwendig ist. Bei größeren Anschaffungen kann eine längere Bedenkzeit von mehreren Tagen oder Wochen sinnvoll sein. Diese Verzögerung gibt dem Gehirn die Möglichkeit, die emotionale Komponente des Kaufwunsches zu verarbeiten, und fördert eine rationalere Entscheidungsfindung (Baumeister, 2002).

> **Hinweis auf Übung 6**
>
> Um impulsives Kaufverhalten gezielt zu kontrollieren, finden Sie in Abschn. 9.3.6 Die „Impulse unterbrechen-Strategie" eine strukturierte Methode, die Ihnen dabei hilft, Kaufimpulse zu erkennen, bewusst zu hinterfragen und durch alternative Bewältigungsstrategien zu ersetzen. Diese Übung unterstützt Sie dabei, nachhaltigere Entscheidungen zu treffen und Ihre Beziehung zum Konsum zu reflektieren.

Ein Praxisbeispiel verdeutlicht diese Strategie: Markus, ein 40-jähriger Marketingexperte, bemerkt, dass er oft teure elektronische Geräte kauft, ohne sie wirklich zu benötigen. Durch die Anwendung der 30-Tage-Regel stellte er fest, dass die meisten seiner Kaufimpulse nach wenigen Tagen verblassten. Er konnte nicht nur Geld sparen, sondern auch eine stärkere Selbstkontrolle entwickeln. Diese Erfahrung half ihm, seine Beziehung zum Konsum neu zu definieren.

Die Minimierung von Konsumanreizen ist eine weitere wirksame Strategie. Viele Impulskäufe entstehen, weil Produkte zu leicht verfügbar sind – sei es durch Online-Shopping, Kreditkarten oder aggressive Werbestrategien. Das bewusste Entfernen von Konsumreizen kann daher helfen, impulsives Verhalten zu reduzieren. Dies könnte bedeuten, Newsletter von Online-Shops abzubestellen, Kreditkarten nur für geplante Käufe zu nutzen oder Werbeblocker auf digitalen Geräten zu installieren. Solche einfachen Maßnahmen schaffen eine Umgebung, die weniger dazu einlädt, unüberlegte Entscheidungen zu treffen (Faber & Vohs, 2010).

Die Entwicklung eines klaren Budgets und einer Einkaufsliste sind ebenfalls effektive Hilfsmittel. Indem man vorab plant, was gekauft werden soll, wird die Versuchung, unvorhergesehene Käufe zu tätigen, erheblich reduziert. Gleichzeitig fördert das Budgetieren eine bewusste Auseinandersetzung mit den eigenen finanziellen Ressourcen und Prioritäten. Diese Methode ist besonders wirkungsvoll, wenn sie mit regelmäßigen Reflexionen über die eigenen Ausgaben kombiniert wird, etwa durch das Führen eines Ausgabenjournals.

> **Praxistipp**
>
> Beginnen Sie mit kleinen, umsetzbaren Schritten. Wenden Sie beispielsweise die 30-Sekunden-Regel bei Ihrem nächsten Einkauf an oder überprüfen Sie, welche Newsletter Sie wirklich benötigen. Kleine Veränderungen können langfristig große Auswirkungen haben.

Neben diesen konkreten Strategien ist es von zentraler Bedeutung, die emotionalen Auslöser für Impulskäufe genauer zu analysieren, da sie oft die treibende Kraft hinter unkontrolliertem Konsumverhalten darstellen. Negative Emotionen wie Stress, Frustration, Einsamkeit oder auch Langeweile fungieren häufig als Trigger, die Menschen dazu veranlassen, auf kurzfristige Befriedigung durch Konsum zurückzugreifen. Diese emotionalen Zustände aktivieren das Bedürfnis nach einer schnellen Lösung, und der Kaufakt erscheint als einfacher und sofort wirksamer Ausweg.

Um diesen Kreislauf zu durchbrechen, ist es hilfreich, alternative Bewältigungsstrategien zu entwickeln, die nicht nur die zugrunde liegenden emotionalen Bedürfnisse adressieren, sondern auch langfristig zu einem besseren Wohlbefinden beitragen. Achtsamkeitsübungen wie Meditation oder Atemtechniken können beispielsweise dabei helfen, die eigene emotionale Lage bewusst wahrzunehmen und zu regulieren, anstatt impulsiv darauf zu reagieren. Studien haben gezeigt, dass regelmäßige Achtsamkeitspraxis nicht nur Stress reduziert, sondern auch die Fähigkeit stärkt, Impulse zu kontrollieren und bewusste Entscheidungen zu treffen (Kabat-Zinn, 2003).

Neben Achtsamkeitspraktiken können auch körperliche Aktivitäten wie Joggen, Yoga oder Tanzen als effektive Alternativen dienen. Bewegung setzt Endorphine frei, die ähnlich wie der Kaufakt ein Gefühl von Zufriedenheit und Belohnung erzeugen, jedoch ohne die negativen Folgen des Konsums. Gleichzeitig fördern sportliche Aktivitäten das Selbstwertgefühl und stärken die Resilienz gegenüber äußeren Stressoren.

Auch kreative Tätigkeiten wie Malen, Schreiben oder Musizieren bieten eine wertvolle Möglichkeit, emotionale Spannungen abzubauen und positive Gefühle zu kultivieren. Kreative Prozesse fördern nicht nur die Konzentration und Selbstreflexion, sondern schaffen auch einen Raum, in dem sich Menschen mit ihren Emotionen auf einer tieferen Ebene auseinandersetzen können. Für viele Betroffene stellen diese Tätigkeiten eine nachhaltige Form der Selbstfürsorge dar, die langfristig zu einem ausgeglicheneren Lebensstil beiträgt.

Ein weiterer wichtiger Ansatzpunkt ist die Förderung sozialer Interaktionen. Einsamkeit ist ein häufiger Auslöser für impulsives Konsumverhalten, da der Kaufakt das Gefühl von Leere und Isolation kurzfristig überdecken kann. Der Aufbau und die Pflege von sozialen Beziehungen, sei es durch gemeinsame Aktivitäten, Gespräche oder den Beitritt zu Interessensgruppen, kann diese emotionale Leere auf gesunde Weise füllen. Soziale Kontakte bieten nicht nur Unterstützung und Anerkennung, sondern wirken auch stabilisierend auf das emotionale Gleichgewicht.

> **Praxistipp**
> Erstellen Sie eine Liste von Aktivitäten, die Ihnen Freude bereiten und gleichzeitig helfen, negative Emotionen zu bewältigen. Nutzen Sie diese Liste als Ressource, wenn Sie das nächste Mal den Drang verspüren, impulsiv zu kaufen. Experimentieren Sie mit verschiedenen Strategien, um herauszufinden, was für Sie am besten funktioniert.

Diese alternativen Strategien sind nicht nur effektiv, um Impulskäufe zu verhindern, sondern fördern auch eine bewusste und reflektierte Lebensweise. Sie helfen dabei, den Fokus von kurzfristigen Befriedigungen auf langfristige Zufriedenheit und emotionale Stabilität zu verlagern. Indem emotionale Auslöser erkannt und alternative Lösungsansätze entwickelt werden, können Menschen die Kontrolle über ihr Konsumverhalten zurückgewinnen und gleichzeitig ihre Lebensqualität nachhaltig verbessern.

> **Wichtig**
> Strategien zur Kontrolle von Impulskäufen erfordern Geduld und Kontinuität. Nicht jeder Ansatz funktioniert für alle Menschen gleich gut. Es lohnt sich, verschiedene Methoden auszuprobieren und individuell anzupassen.

> **Zusammengefasst**
>
> - **Bewusstsein schaffen und Reflexion fördern:** Impulskäufe basieren oft auf unbewussten Reaktionen auf äußere Reize wie Werbung oder Stress. Die bewusste Reflexion über die eigenen Kaufmotive, etwa durch Fragen wie „Brauche ich dieses Produkt wirklich?" oder das Führen eines Kauftagebuchs, hilft dabei, Muster zu erkennen und impulsives Verhalten zu hinterfragen.
> - **Kaufhürden und Achtsamkeit einsetzen:** Strategien wie die „Wartezeitregel" (z. B. 24 Stunden vor dem Kauf abwarten), das Löschen gespeicherter Zahlungsdaten oder der Verzicht auf Newsletter-Abonnements schaffen Distanz zu Impulskäufen. Ergänzend können Achtsamkeitspraktiken wie Meditation oder Atemübungen helfen, emotionale Auslöser bewusst wahrzunehmen und die Kontrolle über spontane Kaufimpulse zurückzugewinnen.
> - **Alternative Bewältigungsstrategien entwickeln:** Emotionale Auslöser wie Stress oder Einsamkeit lassen sich durch Aktivitäten wie Sport, kreative Tätigkeiten oder den Aufbau sozialer Kontakte nachhaltig bewältigen. Diese Alternativen fördern das Wohlbefinden, stärken die Selbstkontrolle und lenken den Fokus von kurzfristiger Befriedigung hin zu langfristiger emotionaler Stabilität.
>
> Dieser Abschnitt hat gezeigt, dass Impulskäufe keine unausweichliche Verhaltensweise sind, sondern mit bewussten Strategien kontrolliert werden können. Durch die Kombination aus Reflexion, Planung und der Reduktion von Konsumanreizen können Sie impulsives Kaufverhalten reduzieren und eine bewusstere, nachhaltigere Konsumhaltung entwickeln. Der erste Schritt besteht darin, sich selbst zu beobachten und die Mechanismen zu verstehen, die hinter Ihren Kaufentscheidungen stehen.

5.3 Finanzielle Ordnung schaffen: Den Überblick zurückgewinnen

> In diesem Abschnitt lernen Sie, wie Sie Ihre Finanzen reorganisieren können, um Kontrolle und Stabilität zu gewinnen. Es geht darum, die Grundlagen eines bewussten Umgangs mit Geld zu schaffen und langfristige finanzielle Sicherheit zu erreichen.

Finanzielle Unordnung ist nicht nur eine Folge von Konsumsucht, sondern oft auch ein verstärkender Faktor. Wer die Übersicht über seine Finanzen verliert, gerät häufig in einen Teufelskreis aus Impulskäufen, wachsender Verschuldung und einem Gefühl von Kontrollverlust. Die Wiederherstellung finanzieller Ordnung ist daher ein zentraler Schritt, um nachhaltige

Veränderungen im Umgang mit Geld und Konsum zu erreichen. Es ist nicht nur eine Frage der Zahlen, sondern auch der Einstellung und der Gewohnheiten, die unsere finanzielle Realität prägen.

Ein erster Schritt auf dem Weg zur finanziellen Ordnung ist die vollständige Transparenz über Einnahmen und Ausgaben. Viele Menschen unterschätzen, wie viel sie tatsächlich ausgeben, insbesondere bei kleinen, wiederkehrenden Posten wie Kaffee, Snacks oder Online-Abonnements. Diese sogenannten „unsichtbaren Ausgaben" summieren sich schnell und führen dazu, dass Budgets überschritten werden und ein Gefühl von Kontrollverlust entsteht. Die Erfassung aller finanziellen Bewegungen, sei es durch eine App, ein Haushaltsbuch oder eine einfache Excel-Tabelle, schafft Klarheit über die tatsächlichen finanziellen Prioritäten und ermöglicht es, gezielt Veränderungen vorzunehmen.

Ein Praxisbeispiel: Sarah, eine 29-jährige Grafikdesignerin, stellte durch die Analyse ihrer Kontoauszüge fest, dass sie monatlich über 150 € für kleine Online-Bestellungen ausgab – ein Betrag, der sich über das Jahr zu einer erheblichen Summe entwickelte. Zusätzlich entdeckte sie, dass mehrere Abonnements, die sie kaum nutzte, ihr Budget weiter belasteten. Durch die bewusste Auseinandersetzung mit solchen Ausgaben begann Sarah, ihre Käufe systematisch zu hinterfragen und zwischen notwendigen und impulsiven Ausgaben zu unterscheiden. Sie setzte sich klare finanzielle Ziele und reduzierte nicht nur ihre Ausgaben, sondern erlebte auch ein gestärktes Gefühl von Selbstkontrolle.

Neben der Analyse bestehender Ausgaben ist es ebenso wichtig, individuelle Trigger für impulsives Kaufverhalten zu erkennen. Oftmals sind es emotionale Zustände wie Langeweile, Stress oder das Bedürfnis nach Belohnung, die zu unüberlegten Käufen führen. Hier können gezielte Strategien zur Emotionsregulation, wie etwa Achtsamkeitsübungen oder alternative Aktivitäten, helfen, diese Muster zu durchbrechen. Sarah entdeckte beispielsweise, dass sie oft aus Langeweile einkaufte. Statt sofort zu kaufen, setzte sie sich eine 24-Stunden-Regel: Käufe, die nicht dringend notwendig waren, ließ sie zunächst ruhen und überprüfte am nächsten Tag, ob das Bedürfnis noch bestand. Diese einfache Technik half ihr, ihre Ausgaben erheblich zu reduzieren.

Ein weiterer entscheidender Schritt ist die Festlegung eines realistischen Budgets, das sowohl feste als auch variable Kosten berücksichtigt. Ein Budget dient nicht nur der Kontrolle, sondern gibt auch die Freiheit, bewusst Geld für Dinge auszugeben, die wirklich wichtig sind. Sarah nutzte beispielsweise ihr neu gewonnenes finanzielles Bewusstsein, um einen monatlichen Betrag für spontane, aber durchdachte Käufe einzuplanen. Dies gab ihr das Gefühl, sich weiterhin etwas gönnen zu können, ohne ihre übergeordneten Ziele zu gefährden. Zusätzlich empfiehlt es sich, Rücklagen für unerwartete Ausgaben oder größere Anschaffungen zu bilden. Oft werden Menschen durch plötzliche Kosten, wie Autoreparaturen oder medizinische Rechnungen, finanziell aus der Bahn geworfen. Ein Notgroschen in Höhe von drei bis sechs Monatsgehältern kann dabei helfen, solche Situationen ohne zusätzliche Belastungen zu bewältigen. Sarah begann mit kleinen Beträgen, die sie monatlich auf ein separates Konto übertrug. Dieser Aufbau eines Sicherheitsnetzes verlieh ihr nicht nur Stabilität, sondern auch ein gesteigertes Gefühl der Unabhängigkeit.

Die bewusste Auseinandersetzung mit Einnahmen und Ausgaben ist nicht nur ein Mittel zur finanziellen Ordnung, sondern auch ein Weg zu einem selbstbestimmteren Leben. Transparenz und Planung schaffen die Grundlage, um finanzielle Entscheidungen nicht mehr reaktiv, sondern proaktiv zu treffen. Dabei geht es nicht darum, den Konsum völlig einzuschränken, sondern ihn bewusster und zielgerichteter zu gestalten. Sarahs Beispiel zeigt, wie eine schrittweise Veränderung nicht nur die finanzielle Situation verbessern, sondern auch das persönliche Wohlbefinden und die Lebensqualität steigern kann.

Neben der Transparenz ist auch die Priorisierung von Ausgaben entscheidend. Finanzielle Ordnung bedeutet nicht, auf alles zu verzichten, sondern bewusste Entscheidungen zu treffen, welche Ausgaben wirklich wichtig sind. Ein bewährtes Werkzeug hierfür ist das sogenannte „50/30/20-Modell", bei dem 50 % des Einkommens für Grundbedürfnisse (Miete, Lebensmittel), 30 % für persönliche Wünsche und 20 % für Ersparnisse oder die Tilgung von Schulden verwendet werden (Harvard Business Review, 2019). Dieses Modell schafft eine klare Struktur und ermöglicht es, finanzielle Stabilität mit einem gewissen Maß an Flexibilität zu verbinden (Warren & Tyagi, 2005).

> **Hinweis zur Übung 7**
>
> Diese Übung bietet eine strukturierte Möglichkeit, Ihre finanzielle Situation zu analysieren und neue Verhaltensweisen zu etablieren. Besonders wertvoll ist sie für Personen, die sich von impulsivem Konsum lösen und langfristige Stabilität erreichen möchten. Sie finden die detaillierte Beschreibung in Abschnitt 9.3.7 „Finanzielle Reflexion und Zielsetzung". Nutzen Sie die Schritte, um Klarheit zu gewinnen, Auslöser zu erkennen und bewusst neue finanzielle Prioritäten zu setzen.

Ein weiterer zentraler Aspekt ist der Umgang mit Schulden. Viele Menschen, die unter Konsumsucht leiden, tragen eine hohe finanzielle Belastung durch Kreditkartenschulden, Konsumkredite oder andere Verbindlichkeiten. Diese Schulden verstärken nicht nur den finanziellen Stress, sondern beeinflussen auch das emotionale Wohlbefinden, indem sie Schuldgefühle, Scham und das Gefühl von Kontrollverlust hervorrufen. Der Weg aus der Schuldenfalle erfordert daher nicht nur finanzielle Planung, sondern auch psychologische Unterstützung und eine langfristige Verhaltensänderung.

Die Tilgung der Schulden sollte systematisch und strategisch erfolgen, um den psychologischen Druck zu reduzieren und wieder ein Gefühl der Kontrolle zu erlangen. Eine besonders beliebte und wirkungsvolle Methode ist die sogenannte „Schneeball-Methode". Hierbei werden zunächst die kleinsten Schulden abbezahlt, während die Mindestbeträge auf die größeren Verbindlichkeiten weiterhin bedient werden (Ramsey, 2011). Sobald eine Schuld vollständig beglichen ist, wird der freigewordene Betrag auf die nächstgrößere Schuld angewendet. Dieser Prozess wird fortgesetzt, bis alle Schulden getilgt sind. Die Schneeball-Methode hat zwei entscheidende Vorteile: Einerseits erlaubt sie schnelle Erfolgserlebnisse, die die Motivation stärken. Andererseits vermittelt sie den Betroffenen ein wachsendes Gefühl der Selbstwirksamkeit, das dabei hilft, negative Emotionen wie Scham oder Hoffnungslosigkeit zu überwinden. Ein weiteres bewährtes Konzept ist die sogenannte „Lawinen-Methode". Im Gegensatz zur Schneeball-Methode konzentriert sich diese Strategie auf die Schulden mit den höchsten Zinssätzen, um langfristig die Zinsbelastung zu minimieren. Diese Methode ist besonders effektiv für Menschen, deren Schulden durch hohe Zinssätze stark anwachsen. Allerdings erfordert sie ein hohes Maß an Disziplin, da der sichtbare Fortschritt oft langsamer erfolgt, was für emotional belastete Schuldner eine Herausforderung darstellen kann (Amar et al., 2011). Auch die psychologische Komponente sollte nicht unterschätzt werden. Studien zeigen, dass Schulden eng mit psychischen Belastungen wie Angst, Depressionen und geringem Selbstwertgefühl verbunden sind (Richardson et al., 2013). Ein achtsamer Umgang mit diesen Emotionen ist essenziell, um Schuldgefühle nicht in erneutes Konsumverhalten münden zu lassen. Unterstützungsangebote wie Schuldnerberatungen oder therapeutische Ansätze, die sich auf finanzielle Stressbewältigung fokussieren, können dabei helfen, die emotionale Belastung zu reduzieren und gleichzeitig eine nachhaltige Verhaltensänderung zu fördern. Zusätzlich können technologische Hilfsmittel eine wichtige Rolle spielen. Finanzplanungs-Apps wie „Mint" oder „YNAB" (You Need A Budget) bieten praktische Werkzeuge, um Ausgaben zu überwachen, Budgets einzuhalten und Schuldenpläne zu erstellen. Diese digitalen Lösungen sind besonders hilfreich für Menschen, die Schwierigkeiten haben, ihre Finanzen manuell zu organisieren, und ermöglichen eine transparente und regelmäßige Kontrolle der Fortschritte.

Letztendlich ist der Umgang mit Schulden nicht nur eine Frage der finanziellen Planung, sondern auch der persönlichen Einstellung. Das Ziel sollte nicht nur die Tilgung der Schulden sein, sondern auch eine Veränderung im Umgang mit Geld und Konsum. Langfristiger Erfolg erfordert, dass Betroffene lernen, ihre finanziellen Entscheidungen bewusster zu treffen, ihre Bedürfnisse realistischer einzuschätzen und den Konsum als emotionales Bewältigungsmuster zu hinterfragen.

Finanzielle Ordnung bedeutet jedoch nicht nur, Schulden abzubauen und Ausgaben zu kontrollieren, sondern auch Rücklagen zu bilden. Ein Notfallfonds, der drei bis sechs Monatsausgaben abdeckt, schafft Sicherheit und reduziert die Abhängigkeit von kurzfristigen Krediten. Studien zeigen, dass Menschen, die über finanzielle Rücklagen verfügen, weniger stressanfällig sind und impulsive Konsumentscheidungen seltener treffen (Hsee & Rottenstreich, 2004). Ein solides finanzielles Polster ist also nicht nur praktisch, sondern stärkt auch die emotionale Widerstandsfähigkeit.

> **Praxistipp**
>
> Nutzen Sie digitale Tools oder einfache Tabellen, um Ihre Finanzen zu organisieren. Regelmäßige Überprüfungen, beispielsweise am Ende jeder Woche, helfen Ihnen, den Überblick zu behalten und Anpassungen vorzunehmen, bevor Probleme entstehen.

Neben der praktischen Reorganisation der Finanzen ist auch die Entwicklung eines neuen Mindsets entscheidend. Finanzielle Ordnung basiert auf einer bewussten Haltung gegenüber Geld. Geld ist nicht nur ein Mittel zum Konsum, sondern ein Werkzeug, um Freiheit und Sicherheit zu erreichen. Die Reflexion über Werte und Ziele hilft, Ausgaben in Einklang mit den eigenen Prioritäten zu bringen und langfristig ein nachhaltiges Verhalten zu entwickeln.

> **Zusammengefasst**
>
> - **Transparenz und Analyse als Grundlage:**
>   Die Wiederherstellung finanzieller Ordnung beginnt mit der umfassenden Transparenz über Einnahmen und Ausgaben. Das Bewusstwerden über „un-

sichtbare" Ausgaben, wie wiederkehrende Kleinstbeträge, ermöglicht eine gezielte Analyse und schafft die Basis für bewusste Entscheidungen. Finanztools und Budgetierungsmodelle wie das „50/30/20-Prinzip" bieten praktische Orientierungshilfen für eine effektive Finanzplanung.

- **Schuldenmanagement und emotionale Resilienz:**
Ein systematisches Vorgehen, wie die Schneeball- oder Lawinen-Methode, unterstützt den Abbau von Schulden und fördert ein Gefühl der Kontrolle und Selbstwirksamkeit. Gleichzeitig ist es essenziell, psychische Belastungen wie Schuldgefühle und Angst zu adressieren, um Rückfälle in impulsives Konsumverhalten zu verhindern. Unterstützung durch Beratung oder therapeutische Ansätze kann diesen Prozess nachhaltig stärken.
- **Langfristige Stabilität und neue Denkmuster:**
Finanzielle Ordnung geht über Schuldenabbau hinaus und umfasst den Aufbau von Rücklagen sowie die Entwicklung eines reflektierten Umgangs mit Geld. Ein Notfallfonds schafft Sicherheit, während ein bewussteres Mindset hilft, finanzielle Entscheidungen in Einklang mit persönlichen Werten und langfristigen Zielen zu treffen. Dadurch wird finanzielle Freiheit als nachhaltige Lebensstrategie gefördert.

Die Wiederherstellung finanzieller Ordnung ist ein zentraler Schritt, um Konsumsucht zu überwinden und finanzielle Stabilität zu erreichen. Transparenz, Priorisierung und die Entwicklung eines neuen Mindsets sind entscheidend, um langfristige Sicherheit und Kontrolle zu gewinnen. Dieser Abschnitt hat gezeigt, dass finanzielle Ordnung mehr ist als Zahlen – sie ist ein Ausdruck bewusster Entscheidungen und einer klaren Lebensstrategie.

Literatur

Amar, M., Ariely, D., Ayal, S., Cryder, C. E., & Rick, S. I. (2011). Winning the battle but losing the war: The psychology of debt management. *Journal of Marketing Research, 48*(SPL), S. 38–S50.

Ariely, D. (2008). *Predictably irrational: The hidden forces that shape our decisions.* Harper.

Baer, R. A. (2006). *Mindfulness-based treatment approaches: Clinician's guide to evidence base and applications.* Academic.

Baumeister, R. F. (2002). *Losing control: how and why people fail at self-regulation.* Academic.

Baumeister, R. F., Vohs, K. D., & Tice, D. M. (2007). The strength model of self-control. *Current Dctions in Psychological Science, 16*(6), 351–355.

Brown, K. W., & Ryan, R. M. (2003). The benefits of being present: Mindfulness and its role in psychological well-being. *Journal of Personality and Social Psychology, 84*(4), 822–848.

Dittmar, H. (2008). *Consumer culture, identity and well-being: The search for the „good life" and the „body perfect".* Psychology Press.

Faber, R. J., & Vohs, K. D. (2010). Self-regulation and impulsive buying. *Perspectives on Psychological Science, 5*(3), 217–232.

Fromm, E. (1976). *Haben oder Sein: Die seelischen Grundlagen einer neuen Gesellschaft.* Dtv.

Harvard Business Review. (2019). *The 50/30/20 rule of budgeting: A guide to financial success.* HBR.

Hsee, C. K., & Rottenstreich, Y. (2004). Music, pandas, and muggers: On the affective psychology of value. *Journal of Experimental Psychology: General, 133*(1), 23–30.

Kabat-Zinn, J. (2003). *Full catastrophe living: Using the wisdom of your body and mind to face stress, pain, and illness.* Bantam.

Kahneman, D. (2011). *Thinking, fast and slow.* Farrar, Straus and Giroux.

Neff, K. D. (2011). *Self-compassion: The proven power of being kind to yourself.* William Morrow.

Ramsey, D. (2011). *The total money makeover: A proven plan for financial fitness.* Thomas Nelson.

Richardson, T., Elliott, P., & Roberts, R. (2013). The Relationship between personal unsecured debt and mental and physical health: A systematic review and meta-analysis. *Clinical Psychology Review, 33*(8), 1148–1162.

Rook, D. W. (1987). The buying impulse. *Journal of Consumer Research, 14*(2), 189–199.

Shapiro, S. L., Carlson, L. E., Astin, J. A., & Freedman, B. (2006). Mechanisms of mindfulness. *Journal of Clinical Psychology, 62*(3), 373–386.

Siegel, D. J. (2010). *The mindful therapist: A clinician's guide to mindsight and neural integration.* W. W. Norton & Company.

Soman, D. (2001). Effects of payment mechanism on spending behavior: The role of rehearsal and immediacy of payments. *Journal of Consumer Research, 27*(4), 460–474.

Thaler, R. H., & Sunstein, C. R. (2008). *Nudge: Improving decisions about health, wealth, and happiness.* Yale University Press.

Warren, E., & Tyagi, A. W. (2005). *All your worth: The ultimate lifetime money plan.* Free Press.

6

Neue Lebensstile entdecken

Zusammenfassung Hier werden alternative Lebensstile vorgestellt, die zu einem bewussteren Umgang mit Konsum führen können. Minimalismus wird als Konzept erläutert, das nicht nur zur Reduktion materiellen Besitzes beiträgt, sondern auch psychische Entlastung schafft. Nachhaltiger Konsum wird als Gegenmodell zur Wegwerfgesellschaft diskutiert – insbesondere im Hinblick auf ökologische und soziale Verantwortung. Zudem wird ein ausgewogenes Verhältnis zwischen „Haben" und „Sein" angestrebt, das Konsum nicht als Selbstzweck betrachtet, sondern als bewusste Entscheidung im Einklang mit den eigenen Werten.

Unsere Beziehung zum Konsum prägt nicht nur unseren Alltag, sondern auch unsere Identität und unser Wohlbefinden Kap. 6 lädt Sie ein, neue Perspektiven auf Ihren Lebensstil zu gewinnen und Alternativen zum materialistischen Streben zu entdecken. Es geht darum, wie Minimalismus, nachhaltiger Konsum und die bewusste Auseinandersetzung mit „Haben" und „Sein" dazu beitragen können, ein ausgewogeneres und erfüllteres Leben zu führen. Dieses Kapitel zeigt Wege auf, wie Sie sich von überflüssigem Ballast befreien und Ihre Lebensqualität durch bewusste Entscheidungen steigern können – für sich selbst und die Umwelt.

© Der/die Autor(en), exklusiv lizenziert an Springer-Verlag GmbH, DE, ein Teil von Springer Nature 2025
O. Hoffmann, *Konsum neu denken,* https://doi.org/10.1007/978-3-662-70917-7_6

6.1 Minimalismus: Weniger Besitz, mehr Leben

> In diesem Abschnitt erfahren Sie, wie Minimalismus als bewusste Lebensweise helfen kann, die eigene Lebensqualität zu steigern, indem man sich auf das Wesentliche konzentriert und sich von unnötigem Ballast befreit.

Minimalismus ist mehr als eine ästhetische Bewegung oder ein kurzlebiger Trend – es ist eine Philosophie, die tiefgreifende Auswirkungen auf das persönliche Wohlbefinden und die Lebensführung haben kann. In einer Gesellschaft, die durch Überfluss und Materialismus geprägt ist, bietet Minimalismus eine alternative Perspektive: die bewusste Entscheidung, sich von unnötigem Besitz zu trennen und sich stattdessen auf die Dinge zu konzentrieren, die wirklich Bedeutung haben. Diese Lebensweise ist ein Gegenentwurf zu der weit verbreiteten Annahme, dass mehr Besitz automatisch mehr Zufriedenheit bringt.

Die Grundidee des Minimalismus liegt in der Frage nach dem Wesentlichen: Was brauche ich wirklich, um ein erfülltes Leben zu führen? Viele Menschen erkennen erst, wie belastend materieller Besitz sein kann, wenn sie beginnen, diesen kritisch zu hinterfragen. Zu viel Besitz führt oft zu Stress, finanziellen Belastungen und einem Gefühl der Überforderung. Gleichzeitig lenkt er von den Dingen ab, die tatsächlich wichtig sind – Beziehungen, Erlebnisse und persönliche Werte. Minimalismus bietet die Möglichkeit, diese Prioritäten neu zu ordnen und sich von der Illusion zu lösen, dass Glück käuflich ist (Kasser, 2002).

Ein Beispiel verdeutlicht die transformative Kraft des Minimalismus: Anna, eine 42-jährige Architektin, entschied sich nach Jahren des übermäßigen Konsums, ihr Leben zu vereinfachen. Sie begann, ihre Besitztümer systematisch zu reduzieren, und stellte fest, dass sie viele Dinge nicht nur nicht nutzte, sondern dass diese auch emotionalen Ballast darstellten. „Es war befreiend, mich von Dingen zu trennen, die mich mehr belastet als bereichert haben", sagt sie. Nach diesem Prozess fühlte sie sich nicht nur leichter, sondern gewann auch mehr Klarheit darüber, was ihr im Leben wirklich wichtig ist: Zeit mit ihrer Familie, kreative Projekte und persönliche Weiterentwicklung.

Die psychologischen Vorteile des Minimalismus sind gut dokumentiert. Studien zeigen, dass die Reduktion von Besitz das Wohlbefinden steigern kann, indem sie Stress reduziert und Raum für Achtsamkeit schafft (Carter

& Gilovich, 2012). Ein minimalistischer Lebensstil fördert zudem das Gefühl von Autonomie und Selbstbestimmung, da die Entscheidung, weniger zu besitzen, aktiv und bewusst getroffen wird. Gleichzeitig unterstützt Minimalismus nachhaltige Lebensweisen, indem er den Fokus auf Qualität statt Quantität legt und die Auswirkungen des Konsums auf die Umwelt reduziert (Schmidt, 2021).

Doch Minimalismus ist nicht nur eine Frage des physischen Besitzes. Es geht ebenso darum, mentale und emotionale Ressourcen zu entlasten. Die Überflutung mit Informationen, sozialen Medien und ständiger Erreichbarkeit trägt ebenfalls dazu bei, dass viele Menschen sich überfordert fühlen. Ein minimalistischer Ansatz im digitalen Leben – etwa durch die Reduktion von Bildschirmzeit oder die bewusste Auswahl von digitalen Inhalten – kann ähnlich befreiend wirken wie das Entrümpeln des physischen Raums (Newport, 2019).

> **Praxistipp**
> Beginnen Sie mit kleinen Schritten. Wählen Sie einen Bereich in Ihrem Leben – etwa Ihren Kleiderschrank oder Ihren Schreibtisch – und überlegen Sie, welche Gegenstände Ihnen wirklich Freude oder Nutzen bringen. Alles andere kann losgelassen werden. Wiederholen Sie diesen Prozess, bis Sie eine klare Struktur und Ordnung gefunden haben.

Minimalismus ist jedoch kein universelles Konzept, das für jeden gleich aussieht. Für manche bedeutet es, mit so wenig wie möglich zu leben, während es für andere bedeutet, lediglich bewusster zu konsumieren. Entscheidend ist, dass Minimalismus als Werkzeug zur Selbstreflexion genutzt wird, um ein Leben zu gestalten, das den individuellen Werten und Bedürfnissen entspricht. Es ist ein Weg, um Raum für das zu schaffen, was wirklich zählt – nicht durch Verzicht, sondern durch bewusste Entscheidungen.

> **Zusammengefasst**
> - **Minimalismus als Lebensphilosophie:** Minimalismus ist mehr als das Reduzieren von Besitztümern – es ist eine bewusste Entscheidung, sich auf das Wesentliche im Leben zu konzentrieren. Dies beinhaltet nicht nur das Entrümpeln von physischen Objekten, sondern auch das Loslassen mentaler und emotionaler Überlastung, um Klarheit und Zufriedenheit zu gewinnen.
> - **Psychologische und soziale Vorteile:** Die Reduktion von Besitz und Konsum schafft Raum für Achtsamkeit, reduziert Stress und fördert das Gefühl von Autonomie und Selbstbestimmung. Gleichzeitig lenkt Minimalismus den

Fokus auf bedeutungsvolle Beziehungen, Erlebnisse und persönliche Werte, die langfristig zu mehr Lebensqualität beitragen.
- **Nachhaltigkeit und individuelle Anpassung:** Minimalismus unterstützt nachhaltige Lebensweisen, indem er Konsumgewohnheiten hinterfragt und die Auswirkungen auf Umwelt und Gesellschaft minimiert. Dabei ist Minimalismus individuell gestaltbar – von extrem reduzierten Lebensstilen bis hin zu bewussterem Konsum – und passt sich den persönlichen Bedürfnissen und Werten an.

Minimalismus ist weit mehr als das Entrümpeln des eigenen Haushalts – es ist eine Lebensweise, die das persönliche Wohlbefinden steigern und gleichzeitig gesellschaftliche und ökologische Verantwortung fördern kann. Indem wir uns auf das Wesentliche konzentrieren, gewinnen wir Klarheit, Zufriedenheit und Freiheit. Minimalismus ist eine Einladung, bewusster zu leben und sich von dem zu lösen, was uns nicht bereichert.

6.2 Nachhaltiger Konsum: Wie bewusstes Einkaufen glücklich machen kann

In diesem Abschnitt erfahren Sie, wie ein ressourcenschonender und bewusster Umgang mit Konsumgütern nicht nur die Umwelt schützt, sondern auch Ihr persönliches Wohlbefinden steigern kann.

In einer Welt, die von Überfluss und Verschwendung geprägt ist, scheint der Gedanke an nachhaltigen Konsum zunächst wie eine Einschränkung zu wirken. Doch genau das Gegenteil ist der Fall: Ein bewusster und ressourcenschonender Umgang mit Konsumgütern eröffnet die Möglichkeit, unser Verhältnis zu Besitz und Konsum neu zu gestalten und dadurch ein tiefgreifenderes Gefühl von Zufriedenheit zu erlangen. Nachhaltigkeit ist nicht nur ein ökologisches Konzept, sondern auch ein Weg, den eigenen Lebensstil zu entschleunigen und sich auf das Wesentliche zu konzentrieren.

Nachhaltiger Konsum basiert auf der Idee, Ressourcen bewusst und verantwortungsvoll zu nutzen. Das bedeutet, weniger, aber dafür gezielt einzukaufen und den Lebenszyklus eines Produkts zu berücksichtigen – von der Produktion bis zur Entsorgung. Studien zeigen, dass Menschen, die sich für nachhaltigen Konsum entscheiden, oft ein gesteigertes Gefühl von Selbstwirksamkeit erleben (Kasser, 2002). Der bewusste Verzicht auf unnötigen Konsum wird nicht als Einschränkung empfunden, sondern als Befreiung von den Zwängen des ständigen Kaufens. Dieses Verhalten fördert nicht nur die Umwelt, sondern schafft auch Raum für eine stärkere Wertschätzung der Dinge, die wir besitzen.

Ein Praxisbeispiel verdeutlicht diesen Effekt: Sarah, eine 35-jährige Lehrerin, beschloss vor zwei Jahren, ihren Konsum radikal zu reduzieren und nur noch Produkte zu kaufen, die nachhaltig hergestellt wurden. Anfangs fühlte sie sich von den eingeschränkten Auswahlmöglichkeiten überfordert, doch mit der Zeit bemerkte sie, wie ihre Entscheidungen ihr Leben positiv veränderten. „Ich habe gelernt, Dinge zu schätzen, die ich früher als selbstverständlich angesehen habe", berichtet sie. Heute fühlt sich Sarah nicht nur glücklicher, sondern auch stärker mit den Werten verbunden, die ihr wichtig sind, wie Umweltschutz und soziale Gerechtigkeit.

Die Psychologie des Glücks zeigt, dass bewusster Konsum nicht nur nachhaltiger, sondern auch erfüllender ist. Der Kauf hochwertiger und langlebiger Produkte, die in Einklang mit den eigenen Werten stehen, führt zu einer tieferen Zufriedenheit als der Erwerb kurzlebiger Konsumgüter. Zudem reduziert nachhaltiges Einkaufen den Stress, der durch impulsives Kaufverhalten oder das Streben nach immer mehr Besitz entsteht (Solomon, 2020). Stattdessen fördert es ein Gefühl von Kontrolle und Selbstbewusstsein, da der Fokus auf Qualität und ethischer Verantwortung liegt.

Ein weiterer Aspekt des nachhaltigen Konsums ist die **Gemeinschaftsbildung**. Menschen, die bewusst einkaufen, engagieren sich oft in Netzwerken wie Tauschbörsen, Reparaturcafés oder lokalen Nachhaltigkeitsinitiativen. Diese sozialen Interaktionen schaffen nicht nur ein Gefühl der Zugehörigkeit, sondern auch die Möglichkeit, von anderen zu lernen und gemeinsam Verantwortung zu übernehmen. Nachhaltiger Konsum wird so zu einem gesellschaftlichen und persönlichen Gewinn.

> **Praxistipp**
> Beginnen Sie mit kleinen Schritten, wie dem Kauf von Secondhand-Produkten oder der bewussten Auswahl zertifizierter Güter. Jeder Schritt in Richtung Nachhaltigkeit zählt und kann einen positiven Einfluss auf Ihr Wohlbefinden und die Umwelt haben.

Die Vorteile eines ressourcenschonenden Umgangs mit Konsumgütern reichen weit über den Umweltschutz hinaus. Sie betreffen auch die persönliche Zufriedenheit, soziale Beziehungen und das Gefühl, einen Beitrag zu etwas Größerem zu leisten. Indem wir uns auf nachhaltigen Konsum einlassen, gewinnen wir die Möglichkeit, die Bedeutung von Besitz neu zu definieren und uns von den Zwängen des materialistischen Denkens zu befreien.

> **Zusammengefasst**
>
> - **Nachhaltiger Konsum fördert persönliches Wohlbefinden und Zufriedenheit:** Der bewusste Verzicht auf überflüssigen Konsum wird als Befreiung von den Zwängen des ständigen Kaufens empfunden. Studien zeigen, dass die Konzentration auf langlebige, hochwertige Produkte und ethische Werte das Gefühl von Selbstwirksamkeit und Lebenszufriedenheit steigern kann.
> - **Gemeinschaft und soziale Interaktion durch Nachhaltigkeit:** Der Austausch in Netzwerken wie Tauschbörsen oder Nachhaltigkeitsinitiativen stärkt soziale Bindungen und schafft ein Gefühl der Zugehörigkeit. Nachhaltiger Konsum wird so zu einem gemeinschaftlichen Erlebnis und verbindet Menschen durch gemeinsame Werte.
> - **Wertschätzung und Verantwortung für Umwelt und Gesellschaft:** Durch ressourcenschonendes Verhalten können Menschen nicht nur die Umwelt schützen, sondern auch ihre Perspektive auf Besitz und Konsum neu definieren. Dies fördert eine tiefere Wertschätzung für die Dinge, die sie besitzen, und ein stärkeres Bewusstsein für ihre Verantwortung gegenüber der Gesellschaft und künftigen Generationen.
>
> Nachhaltiger Konsum ist weit mehr als eine ökologische Notwendigkeit – er ist ein Schlüssel zu einem bewussteren, glücklicheren Leben. Durch die Konzentration auf Qualität, Werte und Gemeinschaft eröffnet er neue Wege, persönliche Zufriedenheit zu steigern und gleichzeitig die Welt ein Stück besser zu machen.

6.3 Der Weg zu einem ausgewogenen Verhältnis von Haben und Sein

In diesem Abschnitt erfahren Sie, wie Sie eine gesunde Balance zwischen materiellen Bedürfnissen und innerer Erfüllung finden können, indem Sie Ihre Werte reflektieren und bewusster leben.

Der Gegensatz von „Haben" und „Sein" ist eine der zentralen Fragestellungen moderner Gesellschaften. Während das „Haben" den Fokus auf Besitz, Konsum und äußere Sicherheiten legt, steht das „Sein" für innere Werte wie Zufriedenheit, Achtsamkeit und authentische Beziehungen. Beide Aspekte sind essenziell für das menschliche Wohlbefinden, doch die Balance zwischen ihnen gerät häufig ins Ungleichgewicht. In einer Konsumgesellschaft, die materiellen Besitz glorifiziert, wird das „Sein" oft zugunsten des „Habens" vernachlässigt. Dieser Abschnitt widmet sich der Frage, wie wir eine persönliche Balance zwischen diesen beiden Polen herstellen können, um ein erfüllteres Leben zu führen.

Die Überbetonung des „Habens" zeigt sich in vielen Bereichen des modernen Lebens. Materieller Besitz wird oft mit Erfolg und Glück gleichgesetzt, was Menschen dazu verleitet, ihre Identität und ihr Selbstwertgefühl über ihre Besitztümer zu definieren. Studien zeigen jedoch, dass der Fokus auf materiellen Reichtum nicht nur keine nachhaltige Zufriedenheit bringt, sondern sogar mit einem geringeren Maß an Wohlbefinden korreliert ist (Kasser, 2002). Der Grund liegt darin, dass das Streben nach Besitz häufig auf äußeren Erwartungen basiert und wenig mit den inneren Bedürfnissen der Menschen zu tun hat. Stattdessen entsteht eine Art „hedonisches Laufband", auf dem die Freude an neuen Gütern schnell verblasst und durch das Verlangen nach mehr ersetzt wird (Frederick & Loewenstein, 1999).

Ein praxisnahes Beispiel zeigt, wie eine Neuausrichtung hin zu einem ausgewogeneren Verhältnis von „Haben" und „Sein" gelingen kann. Michael, ein erfolgreicher Unternehmer, lebte jahrelang mit dem Ziel, immer mehr zu erreichen – ein größeres Haus, teurere Autos, luxuriösere Reisen. Doch trotz seines finanziellen Erfolgs fühlte er sich leer und unerfüllt. In einem Moment der Reflexion stellte er sich die Frage, was ihn wirklich glücklich macht. Er begann, weniger Zeit und Energie in den Erwerb von Gütern zu investieren und sich stattdessen auf persönliche Beziehungen, kreative Hobbys und seine körperliche Gesundheit zu konzentrieren. Michael erkannte, dass wahre Erfüllung nicht aus dem Besitz materieller Dinge stammt, sondern aus der Art und Weise, wie er sein Leben gestaltet.

Der Übergang zu einem bewussteren Leben erfordert eine kritische Auseinandersetzung mit den eigenen Werten. Welche Rolle spielen Besitz und Konsum in Ihrem Leben? Inwieweit definieren Sie Ihren Wert über das, was Sie besitzen? Diese Fragen können helfen, den Fokus auf die Dinge zu lenken, die wirklich wichtig sind. Achtsamkeit ist dabei ein entscheidendes Werkzeug. Sie ermöglicht es, Momente bewusst zu erleben und sich von externen Erwartungen zu lösen. Indem wir uns auf das „Sein" konzentrieren – durch tiefere soziale Beziehungen, persönliche Entwicklung oder die Wertschätzung einfacher Freuden – schaffen wir eine Grundlage für langfristige Zufriedenheit.

> **Praxistipp**
>
> Eine einfache Übung kann darin bestehen, einen Konsumtagebuch zu führen. Notieren Sie, warum Sie etwas kaufen und wie Sie sich dabei fühlen. Reflektieren

> Sie anschließend, ob der Kauf tatsächlich zu Ihrem Wohlbefinden beigetragen hat oder ob er ein anderes Bedürfnis kompensieren sollte.

Es ist jedoch wichtig anzumerken, dass „Haben" und „Sein" keine Gegensätze sind, sondern sich ergänzen können. Materielle Güter haben ihren Platz und ihre Bedeutung, solange sie nicht zum alleinigen Maßstab des Lebens werden. Ein gewisser Grad an Besitz schafft Sicherheit und ermöglicht es, sich auf andere Lebensaspekte zu konzentrieren. Das Problem entsteht erst, wenn das „Haben" dominiert und das „Sein" verdrängt. Ziel ist es, beide Aspekte in ein Gleichgewicht zu bringen, das den individuellen Bedürfnissen entspricht.

> **Wichtig**
>
> Die Balance zwischen „Haben" und „Sein" ist keine fixe Größe, sondern ein dynamischer Prozess, der sich im Laufe des Lebens verändert. Es erfordert regelmäßige Reflexion und Anpassung, um in Einklang mit den eigenen Werten und Prioritäten zu bleiben.

> **Hinweis auf Übung 8**
>
> Im Verlauf dieses Abschnitts wird die Bedeutung einer bewussten Auseinandersetzung mit Konsumgewohnheiten und immateriellen Werten hervorgehoben. Um Ihre persönlichen Muster und Motive besser zu verstehen, empfiehlt sich die Durchführung der Übung 8 in Abschn. 9.3.8 „Das Konsum- und Werte-Tagebuch". Sie finden detaillierte Anleitungen hierzu am Ende dieses Abschnitts. Diese Übung unterstützt Sie dabei, reflektierter mit Ihren Bedürfnissen umzugehen und einen nachhaltigeren, erfüllenden Lebensstil zu entwickeln.

Die Suche nach dieser Balance ist kein schneller Prozess, sondern eine fortwährende Entwicklung. Sie beginnt mit der Erkenntnis, dass das Streben nach Besitz nicht automatisch zu einem erfüllten Leben führt, und mit der Bereitschaft, neue Wege zu gehen. Durch die Integration von Achtsamkeit, Reflexion und der Wertschätzung immaterieller Aspekte können wir ein Leben gestalten, das sowohl innerlich als auch äußerlich bereichert ist.

Zusammengefasst

- **Das Ungleichgewicht zwischen „Haben" und „Sein":** In modernen Konsumgesellschaften wird materieller Besitz oft überbewertet und mit Erfolg und Glück gleichgesetzt, während innere Werte wie Achtsamkeit, Beziehungen und Zufriedenheit vernachlässigt werden. Dieses Ungleichgewicht führt häufig zu einem geringeren Wohlbefinden und der Illusion, dass Glück durch Besitz erreicht werden kann.
- **Reflexion und Achtsamkeit als Schlüssel:** Eine bewusste Auseinandersetzung mit den eigenen Werten und Bedürfnissen kann helfen, das Verhältnis von „Haben" und „Sein" ins Gleichgewicht zu bringen. Praktiken wie Achtsamkeit und die Fokussierung auf persönliche Beziehungen oder immaterielle Freuden fördern langfristige Erfüllung und Zufriedenheit.
- **Die Balance als dynamischer Prozess:** Die richtige Balance zwischen „Haben" und „Sein" ist individuell und verändert sich im Laufe des Lebens. Regelmäßige Reflexion und Anpassung der Prioritäten sind notwendig, um den eigenen Werten treu zu bleiben und ein Leben zu gestalten, das sowohl materiell als auch innerlich bereichert ist.

Dieser Abschnitt hat gezeigt, wie die Balance zwischen „Haben" und „Sein" durch Reflexion, Achtsamkeit und eine Neuausrichtung der Werte hergestellt werden kann. Ein bewusster Umgang mit materiellen Bedürfnissen und die Konzentration auf innere Erfüllung sind der Schlüssel zu einem ausgeglichenen und erfüllten Leben.

Literatur

Belz, F.-M., & Peattie, K. (2012). *Sustainability marketing: A global perspective.* Wiley.

Carter, T. J., & Gilovich, T. (2012). The relative relativity of material and experiential purchases. *Journal of Personality and Social Psychology, 102*(6), 1304–1315.

Csikszentmihalyi, M. (1990). *Flow: The psychology of optimal experience* Harper & Row.

Frederick, S., & Loewenstein, G. (1999). *Hedonic adaptation. Well-being: The foundations of hedonic psychology.*

Fromm, E. (1976). *Haben oder Sein: Die seelischen Grundlagen einer neuen Gesellschaft.* Dtv.

Jackson, T. (2009). *Prosperity without growth: Economics for a finite planet.* Earthscan.

Kasser, T. (2002). *The high price of materialism.* MIT Press.

Newport, C. (2019). *Digital minimalism: Choosing a focused life in a noisy world.* Portfolio.

Ryan, R. M., & Deci, E. L. (2000). Self-determination theory and the facilitation of intrinsic motivation, social development, and well-being. *American Psychologist, 55*(1), 68–78.

Sasaki, F. (2017). *Goodbye, things: The new Japanese minimalism*. Norton.

Schmidt, L. (2021). *Neuropsychologie des Konsums: Wie unser Gehirn den Markt formt*. Beltz.

Solomon, M. R. (2020). *Consumer behavior: Buying, having, and being*. Pearson.

7

Langfristige Veränderung

Zusammenfassung Dieses Kapitel behandelt die Nachhaltigkeit der erlernten Konsumstrategien. Veränderung erfordert nicht nur kurzfristige Kontrolle über Impulskäufe, sondern langfristige Anpassungen der eigenen Denkmuster. Es wird erläutert, wie Rückfälle erkannt und bewältigt werden können und wie es möglich ist, sich ein Leben jenseits der Konsumsucht aufzubauen. Psychologische Mechanismen der Verhaltensänderung, etwa die Bedeutung von Routinen und positiven Verstärkungen, werden aufgezeigt.

Kap. 7 widmet sich der Frage, wie nachhaltige Veränderungen im Umgang mit Konsumverhalten gelingen können. Der Weg aus der Konsumfalle ist kein kurzfristiger Prozess, sondern erfordert Geduld, Reflexion und bewusste Entscheidungen. Doch wie lassen sich neue Gewohnheiten festigen, und wie geht man mit Rückschlägen um? Dieses Kapitel zeigt, wie Sie langfristig ein selbstbestimmtes Leben jenseits der Konsumsucht gestalten können. Es bietet Strategien, um alte Muster zu überwinden, und gibt praktische Hilfestellungen für den Aufbau eines Lebens, das auf Ihren Werten und Zielen basiert – frei von Zwängen und geprägt von bewusstem Sein.

7.1 Wie Sie Ihr Konsumverhalten nachhaltig verändern

> In diesem Abschnitt erfahren Sie, wie Sie konkrete Schritte zur Veränderung Ihres Konsumverhaltens umsetzen und langfristig festigen können, um zu einem bewussteren und nachhaltigeren Lebensstil zu gelangen.

Die Veränderung von Konsumgewohnheiten ist eine Herausforderung, die nicht nur Disziplin, sondern auch ein tiefes Verständnis der eigenen Motivationen und Muster erfordert. Viele Menschen beginnen voller Enthusiasmus, ihre Konsumgewohnheiten zu ändern, doch die langfristige Integration neuer Verhaltensweisen scheitert häufig. Die Gründe dafür liegen oft in unrealistischen Erwartungen, mangelnder Achtsamkeit oder der Rückkehr zu alten Routinen, die durch äußere Reize getriggert werden. Dieser Abschnitt widmet sich der Frage, wie Sie nachhaltige Veränderungen in Ihrem Konsumverhalten erzielen können – nicht als kurzfristige Maßnahme, sondern als tief verankerten Lebensstil.

Der erste Schritt auf dem Weg zu einem bewussteren Konsum ist die Reflexion. Ohne ein klares Verständnis dafür, warum und wie Sie konsumieren, bleibt jede Veränderung oberflächlich. Fragen wie „Warum kaufe ich dieses Produkt?", „Welches Gefühl will ich damit kompensieren?" oder „Brauche ich das wirklich?" sind entscheidend, um die wahren Beweggründe hinter Ihrem Verhalten zu erkennen. Hierbei kann ein Konsumtagebuch helfen, in dem Sie jeden Kauf und die dahinterstehenden Motive dokumentieren. Studien zeigen, dass das Aufschreiben von Kaufentscheidungen das Bewusstsein erhöht und impulsives Verhalten reduziert (Fujita et al., 2006). Die Reflexion über das eigene Konsumverhalten geht jedoch über einfache Fragestellungen hinaus. Es erfordert eine tiefergehende Auseinandersetzung mit den emotionalen und sozialen Auslösern, die Kaufentscheidungen beeinflussen. Oft sind es unbewusste Muster, die den Konsum steuern. Beispielsweise kann der Kauf eines neuen Produkts ein Versuch sein, Stress abzubauen, soziale Anerkennung zu erhalten oder ein Gefühl der Kontrolle über das eigene Leben zurückzugewinnen. Indem Sie Ihre Konsumgewohnheiten analysieren, können Sie diese Muster erkennen und beginnen, sie zu hinterfragen.

Ein Konsumtagebuch ist ein besonders effektives Werkzeug, um diese Reflexion zu unterstützen. Notieren Sie nicht nur, was Sie kaufen, sondern auch, wie Sie sich vor, während und nach dem Kauf fühlen. Ergänzen Sie

Ihre Einträge mit Beobachtungen darüber, ob der Kauf geplant war oder impulsiv erfolgte, und welche äußeren Reize – etwa Werbung oder soziale Medien – Sie beeinflusst haben. Diese Methode hilft, bewusster mit den eigenen Entscheidungen umzugehen und Muster zu erkennen, die vorher unbemerkt geblieben sind.

Ein Beispiel kann die Wirksamkeit dieser Methode verdeutlichen: Eine junge Frau, die regelmäßig Kleidung kauft, stellt nach mehreren Wochen der Dokumentation fest, dass sie vor allem nach stressigen Arbeitstagen oder Streitigkeiten mit Freunden impulsiv shoppt. Durch das Tagebuch erkennt sie, dass ihre Käufe oft ein Versuch sind, emotionale Leere oder Unzufriedenheit zu kompensieren. Diese Erkenntnis ist der erste Schritt, um alternative Strategien zur Emotionsregulation zu entwickeln, etwa durch Sport, Meditation oder den Aufbau sozialer Kontakte.

Reflexion allein reicht jedoch oft nicht aus, um tief verwurzelte Verhaltensmuster zu ändern. Sie sollte durch gezielte Maßnahmen ergänzt werden, die darauf abzielen, bewusster mit Konsumanreizen umzugehen. Eine Möglichkeit ist das Setzen konkreter Ziele, wie etwa die Begrenzung von Spontankäufen oder das Einführen von „Bedenkzeiten" vor jeder größeren Anschaffung. Solche Strategien fördern nicht nur die Selbstkontrolle, sondern helfen auch, langfristig ein neues Verhältnis zum Konsum zu entwickeln. Zusätzlich zur individuellen Reflexion kann der Austausch mit anderen hilfreich sein. Diskutieren Sie Ihre Erfahrungen mit Freunden oder in Online-Communities, die sich mit nachhaltigem Konsum befassen. Der Dialog kann nicht nur neue Perspektiven eröffnen, sondern auch motivieren, am eigenen Verhalten zu arbeiten. Studien belegen, dass soziale Unterstützung eine wichtige Rolle bei der Etablierung neuer Gewohnheiten spielt, da sie positive Verstärkung bietet und das Gefühl von Isolation mindert (Bandura, 1986). Langfristig gesehen ist die Reflexion über das eigene Konsumverhalten nicht nur ein Mittel, um impulsive Käufe zu reduzieren, sondern auch eine Grundlage für ein bewussteres und erfüllteres Leben. Indem Sie Ihre Werte und Bedürfnisse klarer definieren, können Sie Entscheidungen treffen, die nicht nur Ihre materiellen, sondern auch Ihre emotionalen und sozialen Bedürfnisse nachhaltig befriedigen.

Ein elementarer Aspekt nachhaltiger Veränderung ist die Etablierung neuer Gewohnheiten. Gewohnheiten sind tief in unserem Gehirn verankert und beeinflussen unser Verhalten oft, ohne dass wir uns dessen bewusst sind. Sie entstehen durch wiederholte Handlungen, die sich im Laufe der Zeit automatisieren, und spielen eine entscheidende Rolle dabei, wie wir mit unseren Emotionen und Bedürfnissen umgehen. Besonders im Kontext der

Konsumsucht sind diese Muster von zentraler Bedeutung, da sie oft als automatisierte Reaktion auf Stress, Langeweile oder negative Gefühle dienen.

Wenn Sie beispielsweise dazu neigen, nach einem stressigen Arbeitstag online einzukaufen, handelt es sich dabei um eine gelernte Verhaltensweise, die Ihr Gehirn mit einem Belohnungseffekt verbindet. Um diesen Kreislauf zu durchbrechen, ist es notwendig, bewusst Alternativen zu schaffen. Statt Ihre Emotionen durch Konsum zu regulieren, könnten Sie sich Aktivitäten zuwenden, die ähnliche positive Effekte hervorrufen, jedoch langfristig nachhaltiger sind. Hobbys wie Kochen, Musizieren oder Sport können helfen, Stress abzubauen und gleichzeitig Freude und Erfüllung zu bringen. Auch Achtsamkeitspraktiken wie Meditation oder ein Spaziergang in der Natur bieten eine wirksame Möglichkeit, sich zu entspannen und den Kopf freizubekommen.

Damit neue Routinen jedoch tatsächlich alte Muster ersetzen können, ist konsequentes Training erforderlich. Das Gehirn benötigt Zeit, um neue neuronale Verbindungen zu schaffen und bestehende zu überschreiben. Experten sprechen oft von einer Mindestdauer von 21 bis 66 Tagen, um eine neue Gewohnheit zu etablieren (Lally et al., 2010). Während dieser Phase ist es wichtig, sich realistische und erreichbare Ziele zu setzen, um Enttäuschung und Rückschläge zu vermeiden. Ein kleiner, aber bewusster Schritt, wie der Verzicht auf den Kauf eines bestimmten Produkts, kann einen großen Unterschied machen, da er das Gefühl von Kontrolle und Selbstwirksamkeit stärkt. Eine weitere unterstützende Strategie ist die Visualisierung Ihrer Ziele und der positiven Auswirkungen, die eine Veränderung mit sich bringt. Wenn Sie sich beispielsweise vorstellen, wie Sie durch den Verzicht auf impulsive Käufe finanzielle Freiheit erlangen oder mehr Zeit für persönliche Interessen gewinnen, motiviert dies zusätzlich, an der neuen Gewohnheit festzuhalten. Auch das Schaffen von Anreizen – wie etwa eine Belohnung für eine erfolgreiche Woche ohne unnötige Käufe – kann dazu beitragen, die Motivation aufrechtzuerhalten.

Dabei dürfen Rückschläge nicht als Scheitern, sondern als Teil des Lernprozesses betrachtet werden. Es ist vollkommen normal, gelegentlich in alte Muster zurückzufallen. Wichtig ist, sich nicht von diesen Momenten entmutigen zu lassen, sondern sie als Chance zu sehen, um die eigenen Auslöser besser zu verstehen und zukünftige Herausforderungen gezielter zu meistern. Langfristige Veränderung gelingt am besten, wenn sie von einem klaren Bewusstsein für die eigenen Werte begleitet wird. Fragen Sie sich, welche Dinge in Ihrem Leben wirklich von Bedeutung sind und wie Ihr Konsumverhalten zu diesen Werten passt. Dieser Ansatz schafft eine stärkere innere Verbindung zu den neuen Gewohnheiten und hilft, sie als Teil Ihrer

Identität zu integrieren. Statt beispielsweise jemand zu sein, der „weniger kauft", könnten Sie sich als jemand sehen, der bewusst und nachhaltig lebt. Die Transformation alter Gewohnheiten in neue, positive Routinen ist ein Prozess, der Geduld und Ausdauer erfordert. Doch jeder Schritt auf diesem Weg, sei er noch so klein, bringt Sie näher an ein Leben, das weniger von Konsum und mehr von bewussten Entscheidungen geprägt ist.

Ein Praxisbeispiel verdeutlicht diesen Prozess: Paul, ein 42-jähriger Ingenieur, beschloss, seinen Konsum nachhaltiger zu gestalten, nachdem er bemerkte, dass er regelmäßig unnötige Technikprodukte kaufte. Er begann damit, seine Einkäufe bewusst zu planen und mindestens 24 Stunden vor einer Kaufentscheidung abzuwarten. Diese Verzögerung verschaffte ihm die Zeit, seine Bedürfnisse zu überdenken, und führte dazu, dass er viele impulsive Käufe vermied. Zusätzlich führte Paul eine Liste mit alternativen Aktivitäten, die er bei Kaufimpulsen ausprobieren konnte, wie Sport oder Lesen. Dieses schrittweise Vorgehen half ihm, seine alten Konsummuster nachhaltig zu durchbrechen.

Neben individuellen Strategien ist auch die soziale Dimension von großer Bedeutung. Veränderungen sind leichter umzusetzen, wenn sie von einem unterstützenden Umfeld begleitet werden. Teilen Sie Ihre Ziele mit Freunden oder Familie und suchen Sie nach Gleichgesinnten, die ähnliche Werte teilen. Eine unterstützende Gemeinschaft kann nicht nur Motivation bieten, sondern auch den sozialen Druck reduzieren, der oft zu Konsumverhalten führt.

> **Praxistipp**
> Nutzen Sie die Macht von Ritualen, um neue Gewohnheiten zu festigen. Ein bewusstes Morgenritual, bei dem Sie beispielsweise Ihre Ziele für den Tag reflektieren, kann helfen, Ihre Achtsamkeit und Selbstkontrolle zu stärken.

Nachhaltige Veränderung erfordert zudem eine klare Vision. Stellen Sie sich vor, wie Ihr Leben aussehen soll, wenn Sie Ihre Konsumgewohnheiten erfolgreich geändert haben. Visualisierungstechniken können dabei helfen, diese Vision in Ihrem Bewusstsein zu verankern und als Antrieb für langfristige Veränderungen zu nutzen. Gleichzeitig sollten Sie sich bewusst machen, dass Veränderungen nicht nur individuell, sondern auch gesellschaftlich notwendig sind. Ihr Beitrag zu einem bewussteren Konsumverhalten kann Teil einer größeren Bewegung für Nachhaltigkeit und soziale Gerechtigkeit sein.

> **Zusammengefasst**
>
> - **Reflexion als Grundlage für Veränderung:**
>   Eine nachhaltige Veränderung des Konsumverhaltens beginnt mit einer bewussten Reflexion der eigenen Kaufgewohnheiten und der zugrunde liegenden Motive. Das Führen eines Konsumtagebuchs und das Hinterfragen von Impulsen („Brauche ich das wirklich?") helfen, emotionale Auslöser und unbewusste Muster zu erkennen. Diese Erkenntnisse schaffen eine Basis, um bewusstere Entscheidungen zu treffen und impulsives Verhalten zu reduzieren.
> - **Etablierung neuer Routinen und Strategien:**
>   Die Schaffung alternativer Verhaltensweisen, wie das Einführen von „Bedenkzeiten" vor Käufen oder der Fokus auf Hobbys und Aktivitäten zur Emotionsregulation, unterstützt die Überwindung alter Konsummuster. Realistische Ziele, Visualisierungstechniken und Belohnungssysteme stärken die Motivation und fördern langfristige Veränderungen. Rückschläge sind Teil des Prozesses und sollten als Lernchancen betrachtet werden.
> - **Soziale Unterstützung und gesellschaftliche Dimension:**
>   Ein unterstützendes Umfeld aus Gleichgesinnten und bewusste soziale Interaktionen erleichtern die Veränderung und mindern den gesellschaftlichen Druck, der oft zu übermäßigem Konsum führt. Die persönliche Transformation trägt nicht nur zu einem erfüllteren Leben bei, sondern leistet auch einen wichtigen Beitrag zu Nachhaltigkeit und sozialer Verantwortung.
>
> Nachhaltige Veränderung erfordert Reflexion, realistische Ziele und die Etablierung neuer Routinen. Rückfälle sind Teil des Prozesses und bieten die Möglichkeit zur Weiterentwicklung. Mit Achtsamkeit, einem unterstützenden Umfeld und klaren Zielen können Sie Ihre Konsumgewohnheiten langfristig transformieren und einen positiven Einfluss auf Ihr Leben und Ihre Umwelt ausüben.

7.2 Der Umgang mit Rückfällen: Aus Fehlern lernen

> In diesem Abschnitt erfahren Sie, wie Rückfälle auf dem Weg zu einem bewussteren Konsumverhalten gemeistert werden können und warum sie nicht als Scheitern, sondern als Lernchancen betrachtet werden sollten.

Jede Veränderung – sei es eine neue Einstellung zum Konsum oder eine langfristige Lebensumstellung – verläuft nicht linear. Rückfälle sind ein natürlicher Bestandteil des Prozesses und sollten weder als Versagen noch als Grund zum Aufgeben betrachtet werden. Vielmehr bieten sie eine wertvolle Gelegenheit, die zugrunde liegenden Muster zu erkennen und neue, effektivere Strategien zu entwickeln. Der Umgang mit Rückfällen entscheidet oft darüber, ob eine Veränderung dauerhaft gelingt oder nicht.

Ein Rückfall tritt häufig in Momenten hoher emotionaler Belastung oder in stressreichen Situationen auf, da in solchen Zeiten alte Bewältigungsmuster reaktiviert werden. Diese Muster sind oft tief in der psychischen Struktur verankert und stellen einen scheinbar einfachen Ausweg dar, um mit negativen Gefühlen wie Angst, Frustration oder Einsamkeit umzugehen. Der Kaufakt dient in diesem Kontext nicht nur als kurzfristige Ablenkung, sondern auch als Versuch, ein emotionales Gleichgewicht wiederherzustellen. Studien zeigen, dass besonders impulsive Käufe in solchen Phasen eine zentrale Rolle spielen, da sie schnell zugänglich sind und eine sofortige Belohnung versprechen (Rook, 1987). Der Drang, sich mit Luxusgütern oder neuen Produkten zu belohnen, kann dabei das Gefühl vermitteln, Kontrolle über das eigene Leben zurückzugewinnen oder soziale Anerkennung zu erhalten.

Doch diese Form der „Selbstmedikation" ist problematisch, da sie nur Symptome adressiert und nicht die eigentlichen Ursachen emotionaler Belastung. Die flüchtige Erleichterung, die durch den Kauf entsteht, wird häufig von einer Welle negativer Emotionen wie Schuld oder Scham abgelöst. Diese verstärken nicht nur das ursprüngliche Problem, sondern können den Rückfall weiter verstärken, indem sie das Gefühl der Kontrolle weiter untergraben (Dittmar, 2008). Der Kreislauf aus kurzfristiger Belohnung und langfristiger Belastung führt so zu einer Dynamik, die es den Betroffenen erschwert, sich dauerhaft von ihren alten Konsummustern zu lösen.

Hinzu kommt, dass stressreiche Situationen oft auch die kognitiven Ressourcen beeinträchtigen, die für die Selbstkontrolle und die bewusste Entscheidungsfindung notwendig sind. Menschen in solchen Phasen neigen dazu, impulsiver zu handeln und kurzfristige Lösungen den langfristigen Konsequenzen vorzuziehen. Dieser „kognitive Overload" führt dazu, dass rationale Überlegungen, wie etwa die finanziellen Folgen eines Rückfalls, in den Hintergrund treten und der Drang nach sofortiger Erleichterung die Oberhand gewinnt (Baumeister & Heatherton, 1996). In solchen Momenten kann der soziale und kulturelle Druck, der durch Werbung und soziale Medien verstärkt wird, zusätzlich zur Rückfallgefährdung beitragen. Die Darstellung von Luxusgütern und konsumorientierten Lebensstilen als Symbol für Erfolg und Glück verstärkt die Tendenz, durch Käufe kurzfristige Befriedigung zu suchen.

Langfristig können wiederholte Rückfälle nicht nur finanzielle Probleme verschärfen, sondern auch das Selbstwertgefühl der Betroffenen beeinträchtigen. Das Gefühl des Scheiterns nach einem Rückfall kann dazu führen, dass Betroffene ihre Fähigkeit, Veränderungen vorzunehmen, infrage stellen. Diese negativen Emotionen erhöhen die Wahrscheinlichkeit weiterer Rückfälle, da der Konsum erneut als Mittel zur Bewältigung dieser Gefühle eingesetzt wird. Es entsteht ein Teufelskreis, der schwer zu durchbrechen ist, ohne gezielte Interventionen und Unterstützungsmaßnahmen.

Um diesen Rückfallkreislauf zu unterbrechen, ist es entscheidend, die Auslöser zu erkennen und alternative Strategien zur Emotionsregulation zu entwickeln. Achtsamkeitsübungen, wie das bewusste Wahrnehmen von Emotionen ohne sofortiges Handeln, können helfen, den automatischen Drang nach einem Kauf zu unterbrechen. Ebenso ist die Unterstützung durch soziale Netzwerke oder professionelle Beratung von großer Bedeutung, um neue Bewältigungsstrategien zu erlernen und Rückfällen vorzubeugen. Rückfälle sollten zudem nicht als vollständiges Scheitern betrachtet werden, sondern als Teil des Veränderungsprozesses, der Zeit und Übung erfordert.

Die Reflexion über die Mechanismen, die zu einem Rückfall führen, ist ein entscheidender Schritt, um langfristig ein gesundes und selbstbestimmtes Konsumverhalten zu etablieren. Indem Betroffene ihre emotionalen und kognitiven Muster verstehen, können sie gezielt an ihren Schwächen arbeiten und eine nachhaltige Veränderung anstreben.

Ein Beispiel zeigt, wie ein Rückfall analysiert und genutzt werden kann: Martin, ein 42-jähriger Lehrer, beschloss, sein impulsives Konsumverhalten zu ändern, nachdem er wiederholt in finanzielle Schwierigkeiten geraten war. Nach mehreren erfolgreichen Monaten der Zurückhaltung erlebte er eine stressige Phase am Arbeitsplatz. Um sich zu beruhigen, kaufte er spontan eine teure Smartwatch, die er sich eigentlich nicht leisten konnte. Zunächst empfand er Erleichterung, doch kurz darauf stellte sich Frustration ein. Anstatt sich selbst zu verurteilen, reflektierte Martin die Situation. Er erkannte, dass der Kauf eine Reaktion auf seinen Stress war, und entwickelte alternative Strategien, wie gezielte Entspannungsübungen und regelmäßige Pausen, um besser mit solchen Momenten umzugehen.

Rückfälle bieten die Möglichkeit, tiefere Einsichten in persönliche Verhaltensmuster zu gewinnen. Sie zeigen auf, welche Auslöser das Verhalten steuern und welche emotionalen Bedürfnisse noch nicht angemessen adressiert wurden. Dies kann zu einer nachhaltigeren Veränderung führen, indem spezifische Schwächen identifiziert und gezielt angegangen werden. Ein weiterer wichtiger Aspekt ist die Selbstfürsorge: Wer Rückfällen mit Selbstkritik oder Scham begegnet, riskiert, in alte Muster zurückzufallen. Ein wohlwollender Umgang mit sich selbst hingegen fördert Resilienz und die Bereitschaft, aus Fehlern zu lernen (Neff, 2011).

> **Praxistipp**
>
> Führen Sie ein Rückfalltagebuch. Notieren Sie, was passiert ist, welche Emotionen eine Rolle gespielt haben und welche Auslöser identifiziert werden konnten. Dies hilft, Muster zu erkennen und präventive Strategien zu entwickeln.

Langfristig kann ein achtsamer Umgang mit Rückfällen helfen, das Vertrauen in die eigene Veränderungsfähigkeit zu stärken. Es ist wichtig, den Fokus auf Fortschritte zu richten, anstatt Rückschläge überzubewerten. Jeder Schritt in die richtige Richtung zählt, selbst wenn es zwischendurch Momente des Innehaltens oder der Neuorientierung gibt.

Auch das soziale Umfeld spielt eine wichtige Rolle im Umgang mit Rückfällen. Unterstützung durch Freunde, Familie oder professionelle Begleiter kann helfen, die Perspektive auf Rückschläge zu ändern und neue Impulse zu setzen. Eine offene Kommunikation über Herausforderungen und Ängste fördert zudem das Gefühl von Zusammenhalt und Akzeptanz.

> **Wichtig**
>
> Rückfälle sind keine Niederlage, sondern Teil des Prozesses. Nutzen Sie sie, um Ihre Strategie zu verfeinern und Ihre emotionalen Bedürfnisse besser zu verstehen.

Dieser Abschnitt zeigt, dass Rückfälle keine Schwäche sind, sondern eine natürliche und wertvolle Gelegenheit, aus Fehlern zu lernen. Sie bieten die Möglichkeit, den Veränderungsprozess bewusst weiterzuführen und langfristig erfolgreicher zu gestalten. Ein reflektierter Umgang mit Rückschlägen stärkt die Resilienz und fördert ein nachhaltiges Konsumverhalten.

> **Zusammengefasst**
>
> - **Rückfälle als Lernchancen begreifen**: Rückfälle sind ein natürlicher Bestandteil jedes Veränderungsprozesses und sollten nicht als Versagen interpretiert werden. Stattdessen bieten sie die Gelegenheit, emotionale Auslöser und Verhaltensmuster zu analysieren und gezielt daran zu arbeiten, um nachhaltige Veränderungen zu ermöglichen.
> - **Auslöser und Bewältigungsstrategien identifizieren**: Stress, negative Emotionen oder soziale Einflüsse sind häufige Auslöser für Rückfälle. Durch bewusste Reflexion und Werkzeuge wie ein Rückfalltagebuch können

individuelle Muster erkannt und präventive Strategien, wie Achtsamkeit oder soziale Unterstützung, entwickelt werden.
- **Selbstfürsorge und soziale Unterstützung fördern**: Ein wohlwollender Umgang mit sich selbst und die Einbindung eines unterstützenden sozialen Umfelds sind essenziell, um Rückschläge zu bewältigen und den Veränderungsprozess langfristig erfolgreich zu gestalten. Jeder Rückfall kann genutzt werden, um Resilienz und Selbstvertrauen zu stärken.

Rückfälle gehören zum Veränderungsprozess dazu. Dieser Abschnitt hat gezeigt, wie Sie aus diesen Erfahrungen lernen und neue Strategien entwickeln können, um gestärkt daraus hervorzugehen. Eine bewusste Reflexion und ein liebevoller Umgang mit sich selbst sind der Schlüssel, um den eigenen Weg konsequent weiterzugehen.

7.3 Aufbau eines selbstbestimmten Lebens jenseits der Konsumsucht

In diesem Abschnitt erfahren Sie, wie Sie ein Leben gestalten können, das auf Ihren inneren Werten statt auf materiellem Konsum basiert, und welche Schritte Sie dabei unterstützen, eine authentische und nachhaltige Lebensweise zu entwickeln.

Die Konsumsucht hinter sich zu lassen, bedeutet weit mehr, als impulsives Kaufverhalten zu kontrollieren oder materielle Wünsche zu reduzieren. Es ist ein tiefergehender Prozess, der erfordert, die eigene Lebensgestaltung neu zu definieren und sich von äußeren Erwartungen zu lösen. Ein selbstbestimmtes Leben basiert auf Werten, die unabhängig von Besitztümern und sozialem Status sind, und eröffnet die Möglichkeit, authentische Beziehungen und persönliche Erfüllung zu finden.

Ein entscheidender Schritt in diesem Prozess ist die Klärung der eigenen Werte. Werte sind die Grundpfeiler, die unser Leben leiten und Entscheidungen beeinflussen. Sie dienen als innere Orientierung und geben dem Handeln eine tiefere Bedeutung. Doch in einer Welt, die von Konsumanreizen überflutet ist, geraten diese Werte oft in den Hintergrund. Stattdessen orientieren sich viele Menschen an äußeren Standards, die durch Werbung, soziale Medien und kulturelle Ideale geprägt sind. Diese externen Einflüsse vermitteln oft die Botschaft, dass Glück und Erfolg durch den Besitz materieller Güter erreichbar sind. Ein Beispiel: Viele Menschen streben nach einem „perfekten" Leben, das durch den Besitz von Luxusgütern symbolisiert wird. Doch dieses Streben führt selten zu nachhaltiger Zufriedenheit, da es von externen Einflüssen gesteuert wird und die eigenen Bedürfnisse häufig ignoriert werden (Kasser, 2002).

Das Problem liegt darin, dass Konsum in unserer Gesellschaft als Mittel zur Selbstverwirklichung und Identitätsbildung dargestellt wird. Werbende Unternehmen schaffen gezielt Verbindungen zwischen ihren Produkten und bestimmten Werten, wie Freiheit, Individualität oder sozialem Status. Doch diese Werte sind oft konstruiert und haben wenig mit den tatsächlichen Bedürfnissen oder Zielen eines Individuums zu tun. Menschen, die ihr Leben nach solchen externen Idealen ausrichten, erleben häufig eine Diskrepanz zwischen dem, was sie tatsächlich wollen, und dem, was ihnen vermittelt wird, dass sie wollen sollten. Diese Diskrepanz kann zu Unzufriedenheit, Frustration und einem Gefühl der Entfremdung führen (Dittmar, 2008).

Ein weiterer Aspekt ist der Einfluss sozialer Vergleiche. In einer zunehmend digitalisierten Welt, in der soziale Medien wie Instagram oder TikTok den Alltag dominieren, wird der Konsum oft öffentlich zur Schau gestellt. Dies verstärkt den Druck, sich an diesen Idealen zu messen. Menschen, die sich stark mit anderen vergleichen, neigen häufiger dazu, ihre Zufriedenheit an materiellen Besitztümern zu messen. Doch anstatt das Selbstwertgefühl zu stärken, führt dieser Fokus auf Konsumgüter oft zu einem Gefühl der Unzulänglichkeit, da der Vergleich mit anderen selten realistisch ist und meist eine idealisierte Version der Realität widerspiegelt.

Die Klärung der eigenen Werte erfordert deshalb eine bewusste Reflexion. Es geht darum, innezuhalten und sich zu fragen: Was ist mir wirklich wichtig? Welche Ziele verfolge ich? Welche Dinge bereichern mein Leben auf eine tiefere und nachhaltigere Weise? Die Antworten auf diese Fragen können helfen, eine stärkere Verbindung zu den eigenen Bedürfnissen herzustellen und sich von den Erwartungen anderer zu lösen. Menschen, die ihre Werte klar definiert haben, können leichter erkennen, welche Kaufentscheidungen tatsächlich in Einklang mit ihren Überzeugungen stehen und welche lediglich auf äußerem Druck basieren.

Ein praxisnaher Ansatz zur Klärung der eigenen Werte ist die sogenannte Werteliste, bei der Personen gebeten werden, ihre wichtigsten Werte zu benennen und diese nach Priorität zu ordnen. Diese Übung hilft, die Bedeutung von materiellen und immateriellen Aspekten im eigenen Leben zu reflektieren. Beispielsweise könnten Werte wie Familie, Gesundheit oder Kreativität weit über materiellen Besitz gestellt werden. Wenn diese Prioritäten klar sind, fällt es leichter, Entscheidungen zu treffen, die langfristig zufriedenstellen, anstatt nur kurzfristige Bedürfnisse zu erfüllen.

> **Wichtig**
> Die Klärung der eigenen Werte ist kein einmaliger Akt, sondern ein fortlaufender Prozess. Es ist hilfreich, regelmäßig innezuhalten und die eigenen Prioritäten zu überprüfen, insbesondere in einer Welt, die ständig versucht, unsere Aufmerksamkeit auf externe Standards zu lenken.

Indem Menschen sich ihrer Werte bewusst werden und sich von externen Einflüssen lösen, können sie eine authentischere und erfüllendere Beziehung zum Konsum entwickeln. Sie erkennen, dass der Wert des Lebens nicht in der Menge oder dem Preis der erworbenen Güter liegt, sondern in den Erfahrungen, Beziehungen und Überzeugungen, die ihnen wirklich wichtig sind. Dieser Perspektivwechsel kann nicht nur das individuelle Wohlbefinden steigern, sondern auch einen Beitrag zu einer nachhaltigeren und weniger konsumorientierten Gesellschaft leisten.

Die Arbeit an einem wertebasierten Leben beginnt mit der bewussten Reflexion. Fragen wie „Was ist mir wirklich wichtig?" oder „Welche Erfahrungen haben mir die tiefste Erfüllung gebracht?" helfen dabei, sich von oberflächlichen Konsumzielen zu lösen. Achtsamkeitstechniken und Journaling können unterstützende Werkzeuge sein, um diese Fragen zu beantworten. Die Forschung zeigt, dass Menschen, die ihre Entscheidungen bewusst auf Werte ausrichten, eine höhere Lebenszufriedenheit und Resilienz aufweisen (Ryan & Deci, 2001).

Ein Praxisbeispiel zeigt, wie dieser Wandel gelingen kann: Paul, ein 42-jähriger Architekt, beschreibt, wie er nach Jahren exzessiven Konsums eine Krise durchlebte. „Ich hatte alles, was ich mir vorgestellt hatte – ein großes Haus, ein teures Auto – und trotzdem fühlte ich mich leer." Paul begann, seine Prioritäten zu hinterfragen und stellte fest, dass ihm Zeit mit seiner Familie und kreative Projekte mehr bedeuteten als materieller Besitz. Heute lebt er minimalistisch und investiert bewusst in Erfahrungen, die ihm Freude bereiten, wie Reisen oder ehrenamtliche Arbeit.

Neben der Werteklärung ist es wichtig, alternative Quellen der Erfüllung zu finden. Anstatt kurzfristige Glücksgefühle durch den Kauf neuer Produkte zu suchen, können Hobbys, soziale Beziehungen oder persönliches Wachstum tiefere und nachhaltigere Zufriedenheit bringen. Aktivitäten wie Sport, Kunst oder Meditation fördern nicht nur das Wohlbefinden, sondern stärken auch die Verbindung zu den eigenen Werten. Besonders bedeutend sind soziale Bindungen. Studien zeigen, dass enge Beziehungen zu Familie und Freunden der stärkste Prädiktor für langfristige Zufriedenheit sind (Harvard Study of Adult Development, 2015).

> **Praxistipp**
> Erstellen Sie eine Liste mit Aktivitäten, die Ihnen Freude bereiten und nichts mit Konsum zu tun haben. Planen Sie regelmäßig Zeit für diese Aktivitäten ein, um neue Quellen der Erfüllung zu schaffen.

Ein selbstbestimmtes Leben erfordert auch den Mut, sich von gesellschaftlichen Erwartungen zu lösen. Der Verzicht auf Statussymbole oder materielle Besitztümer wird oft als radikal wahrgenommen, ist jedoch ein kraftvoller Schritt in Richtung innerer Freiheit. Minimalismus und bewusstes Konsumverhalten sind keine Verzichtsstrategien, sondern Mittel, um Platz für das Wesentliche zu schaffen. Die Philosophie des „Weniger ist mehr" ermöglicht es, den Fokus auf das zu richten, was wirklich zählt – Beziehungen, Erfahrungen und persönliche Entwicklung (Fromm, 1976).

Dieser Ansatz erfordert eine bewusste Auseinandersetzung mit den eigenen Werten und Zielen. In einer Welt, die von Werbung und sozialen Medien dominiert wird, werden wir ständig dazu animiert, mehr zu besitzen, schneller zu konsumieren und uns durch materielle Güter zu definieren. Doch genau diese Dynamik kann zu einer Überforderung führen, die den Blick für die wirklich wichtigen Dinge im Leben verstellt. Die Entscheidung, sich von unnötigem Ballast zu trennen, ist daher nicht nur eine äußere Handlung, sondern ein tiefgreifender Prozess der inneren Transformation.

Minimalismus ist dabei keine starre Regel, sondern eine individuelle Reise. Für manche bedeutet es, den Kleiderschrank zu entrümpeln und sich auf wenige, aber hochwertige Kleidungsstücke zu beschränken. Für andere kann es die bewusste Entscheidung sein, weniger Zeit mit sozialen Medien zu verbringen oder den Alltag zu entschleunigen. Der gemeinsame Nenner ist jedoch immer das Streben nach mehr Klarheit und Lebensqualität. Wenn wir uns von der Idee lösen, dass unser Wert durch den Besitz definiert wird, können wir Raum schaffen, um uns mit unseren tiefsten Bedürfnissen und Wünschen zu verbinden.

Ein wichtiger Aspekt dieser Philosophie ist der Shift von „Haben" zu „Sein". Erich Fromm betonte, dass ein erfülltes Leben nicht im Besitz von Dingen liegt, sondern in der Fähigkeit, authentische Erfahrungen zu machen, tiefe Beziehungen zu pflegen und sich selbst zu verwirklichen

(Fromm, 1976). Diese Veränderung der Perspektive ermöglicht es, den Fokus von materiellen auf immaterielle Werte zu verlagern, wie Liebe, Kreativität und Gemeinschaft. Es geht nicht darum, auf alles zu verzichten, sondern die bewusste Entscheidung zu treffen, nur das zu behalten, was wirklich einen positiven Beitrag zu unserem Leben leistet (Hoffmann, 2024).

> **Hinweis auf Übung 9**
> Abschn. 7.3 bietet Ihnen eine praktische Übung zur Werteklärung und Prioritätensetzung. Übung 9 in Abschn. 9.3.9 „Werte reflektieren und Prioritäten setzen" unterstützt Sie dabei, ein bewussteres Leben zu gestalten, das nicht von Konsumabhängigkeit, sondern von authentischen Werten geprägt ist.

Dieser Weg ist jedoch nicht immer einfach. Der Druck, sich gesellschaftlichen Normen anzupassen, ist stark. Der Verzicht auf Statussymbole kann als Verzicht auf sozialen Status wahrgenommen werden. Doch genau hier liegt die Stärke des Minimalismus: Er fordert uns heraus, unsere Identität unabhängig von äußeren Faktoren zu definieren. Dies bedeutet, sich von der Erwartung zu lösen, dass bestimmte Marken, Objekte oder Lebensstile notwendig sind, um Akzeptanz oder Anerkennung zu erfahren. Stattdessen wird die Freiheit gewonnen, sich auf authentische Werte zu konzentrieren, die langfristig Zufriedenheit und Glück fördern. Die positiven Effekte bewusster Reduktion reichen weit über das Individuum hinaus. Ein minimalistischer Lebensstil hat auch ökologische und soziale Vorteile. Der Verzicht auf übermäßigen Konsum trägt dazu bei, Ressourcen zu schonen, Müll zu reduzieren und die Nachfrage nach nachhaltigen Alternativen zu fördern. Gleichzeitig sendet er ein kraftvolles Signal an die Gesellschaft, dass Glück und Erfüllung nicht von der ständigen Anhäufung von Gütern abhängen. Es ist ein Aufruf, innezuhalten, zu reflektieren und eine bewusstere Beziehung zu unseren Bedürfnissen und unserer Umwelt aufzubauen.

Dieser Prozess ist nicht ohne Herausforderungen. Rückfälle in alte Muster sind normal und sollten als Gelegenheit zur Reflexion und Weiterentwicklung gesehen werden. Es geht nicht darum, ein perfektes Leben zu führen, sondern darum, die Kontrolle über die eigenen Entscheidungen zurückzugewinnen und ein authentisches Leben zu gestalten.

> **Zusammengefasst**
>
> - **Neuausrichtung auf Werte und Bedürfnisse:**
>   Der Schlüssel zu einem selbstbestimmten Leben liegt in der bewussten Reflexion der eigenen Werte und Bedürfnisse. Diese Neuausrichtung hilft, sich von gesellschaftlich auferlegten Konsumidealen zu lösen und Entscheidungen zu treffen, die auf authentischen Überzeugungen und langfristigem Wohlbefinden basieren.
> - **Förderung von alternativen Quellen der Erfüllung:**
>   Statt kurzfristige Befriedigung durch Konsum zu suchen, sollte der Fokus auf immaterielle Werte wie Beziehungen, persönliche Entwicklung und kreative Aktivitäten gelegt werden. Diese nachhaltigen Quellen der Erfüllung fördern Zufriedenheit und Resilienz.
> - **Mut zur Abkehr von gesellschaftlichen Erwartungen:**
>   Ein minimalistischer Lebensstil erfordert den Mut, sich von sozialen Normen und Statussymbolen zu lösen. Dies ermöglicht es, den eigenen Wert unabhängig von materiellem Besitz zu definieren und sich auf ein Leben zu konzentrieren, das von Authentizität und innerer Freiheit geprägt ist.
>
> Der Aufbau eines selbstbestimmten Lebens jenseits der Konsumsucht erfordert eine Neuausrichtung auf Werte, die unabhängig von materiellem Besitz sind. Durch bewusste Reflexion, die Suche nach alternativen Quellen der Erfüllung und den Mut, sich von gesellschaftlichen Erwartungen zu lösen, können Sie ein Leben führen, das auf Authentizität und innerer Zufriedenheit basiert.

Literatur

Bandura, A. (1986). *Social foundations of thought and action: A social cognitive theory.* Englewood Cliffs: Prentice-Hall.

Baumeister, R. F., & Heatherton, T. F. (1996). Self-regulation failure: An overview. *Psychological Inquiry, 7*(1), 1–15.

Baumeister, R. F., & Tierney, J. (2012). *Willpower: Rediscovering the greatest human strength.* Penguin.

Baumeister, R. F., & Vohs, K. D. (2007). *Self-regulation and the executive function of the self.* Cambridge University Press.

Csikszentmihalyi, M. (1990). *Flow: The psychology of optimal experience.* Harper & Row.

Dittmar, H. (2008). *Consumer culture, identity and well-being: the search for the „good life" and the „body perfect".* Psychology Press.

Duhigg, C. (2012). *The power of habit: Why we do what we do in life and business.* New York: Random House.

Fromm, E. (1976) *Haben oder Sein: Die seelischen Grundlagen einer neuen Gesellschaft.* Dtv.

Fujita, K., Trope, Y., Liberman, N., & Levin-Sagi, M. (2006). Construal levels and self-control. *Journal of Personality and Social Psychology, 90*(3), 351–367.

Harvard Study of Adult Development (2015). *What Makes a Good Life?* Harvard Gazette.

Hirschman, E. C. (1992). The consciousness of addiction: Toward a general theory of compulsive consumption. *Journal of Consumer Research, 19*(2), 155–179.

Hoffmann, O. (2024): Wozu? – Über den Wert der Dinge. Metropolis.

Kasser, T. (2002). *The high price of materialism.* MIT Press.

Kross, E., & Ayduk, O. (2017). Self-distancing: theory, research, and current directions. *Advances in Experimental Social Psychology, 55,* 81–136.

Lally, P., Van Jaarsveld, C. H., Potts, H. W., & Wardle, J. (2010). How are habits formed: Modelling habit formation in the real world. *European Journal of Social Psychology, 40*(6), 998–1009.

Neff, K. (2011). *Self-Compassion: Stop Beating Yourself Up and Leave Insecurity Behind.* New York: William Morrow.

Prochaska, J. O., & DiClemente, C. C. (1983). Stages and processes of self-change of smoking: Toward an integrative model of change. *Journal of Consulting and Clinical Psychology, 51*(3), 390–395.

Rook, D. W. (1987). The buying impulse. *Journal of Consumer Research, 14*(2), 189–199.

Ryan, R. M., & Deci, E. L. (2001). On happiness and human potentials: A review of research on hedonic and eudaimonic well-being. *Annual Review of Psychology, 52*(1), 141–166.

Thaler, R. H., & Sunstein, C. R. (2008). *Nudge: Improving decisions about health, wealth, and happiness.* Yale University Press.

Verplanken, B., & Wood, W. (2006). Interventions to break and create consumer habits. *Journal of Public Policy & Marketing, 25*(1), 90–103.

Wood, W., & Neal, D. T. (2007). A new look at habits and the habit-goal interface. *Psychological Review, 114*(4), 843–863.

8

Abschluss: Ein bewusster Umgang mit Konsum

Zusammenfassung Das Abschlusskapitel reflektiert die zentralen Erkenntnisse des Buches und bietet eine abschließende Perspektive auf den bewussten Umgang mit Konsum. Es wird diskutiert, was es bedeutet, frei von Konsumsucht zu sein, und welche Herausforderungen bestehen, den eigenen Konsum langfristig zu regulieren. Zudem wird ein Ausblick darauf gegeben, wie ein reflektierter Konsumansatz gesellschaftlich zu einer nachhaltigeren Wirtschaftsordnung beitragen könnte.

Die Reise zu einem bewussteren Leben endet nicht mit der Erkenntnis, wie Konsum unser Verhalten und unsere Gesellschaft beeinflusst. Sie beginnt genau hier. Kap. 8 ist ein Abschluss und zugleich ein Neubeginn – eine Einladung, das Gelernte in den Alltag zu integrieren und eine neue Haltung zum Konsum zu entwickeln. Es geht nicht nur darum, weniger zu besitzen oder zu kaufen, sondern darum, den wahren Wert von Dingen, Erlebnissen und Beziehungen zu erkennen. Dieses Kapitel inspiriert dazu, den Wandel in Ihrem Leben fortzuführen, nachhaltige Gewohnheiten zu entwickeln und sich von den Zwängen des Konsumismus zu befreien. Es zeigt Wege auf, wie Sie Freiheit und Erfüllung jenseits von Materialismus finden können.

8.1 Was bedeutet es, frei von Konsumsucht zu sein?

> In diesem Abschnitt erfahren Sie, wie ein bewusster und gesunder Umgang mit Konsum nicht nur Freiheit von Sucht bedeutet, sondern auch Wohlbefinden, Zufriedenheit und eine neue Perspektive auf das Leben ermöglicht.

Frei von Konsumsucht zu sein bedeutet mehr, als einfach nur keine impulsiven Käufe mehr zu tätigen. Es ist ein Zustand der inneren Unabhängigkeit, in dem materieller Besitz nicht mehr als Mittel zur Selbstdefinition dient. Diese Freiheit geht mit einem tiefgreifenden Wandel in der Wahrnehmung von Werten, Beziehungen und dem eigenen Lebenssinn einher. Sie markiert den Übergang von einer auf Konsum ausgerichteten Identität hin zu einem Lebensstil, der durch bewusstes Sein und authentische Erfahrungen geprägt ist. Doch was genau kennzeichnet diese Freiheit, und wie wirkt sie sich auf das Wohlbefinden aus?

Menschen, die sich von der Konsumsucht befreit haben, berichten häufig von einem Gefühl der Leichtigkeit und Kontrolle über ihr Leben. Statt sich von äußeren Impulsen leiten zu lassen, treffen sie Entscheidungen, die ihren inneren Werten entsprechen. Diese Autonomie ist ein zentrales Merkmal der Freiheit von Konsumsucht. Der Verlust des zwanghaften Kaufens ermöglicht es, Ressourcen – sei es Zeit, Geld oder Energie – in andere Lebensbereiche zu investieren, die langfristig mehr Zufriedenheit bringen. Wie Kasser (2002) zeigt, führt eine Orientierung an intrinsischen Werten wie persönlichem Wachstum, Beziehungen und Gemeinschaft zu einem nachhaltigeren Wohlbefinden als der Fokus auf materielle Ziele.

Ein Beispiel verdeutlicht diesen Wandel: Anna, eine 40-jährige Lehrerin, reflektiert ihre Entwicklung nach Jahren der Konsumabhängigkeit. Früher kaufte sie regelmäßig Kleidung und Dekorationsartikel, um sich nach anstrengenden Arbeitstagen zu belohnen. Doch die Freude über ihre Einkäufe hielt nie lange an, und sie fühlte sich zunehmend belastet von den finanziellen Konsequenzen. Heute beschreibt sie, wie sie gelernt hat, ihre Bedürfnisse auf andere Weise zu befriedigen – durch Hobbys, Zeit mit Freunden und Achtsamkeitsübungen. „Ich brauche keine Dinge mehr, um mich gut zu fühlen", sagt sie. „Ich habe erkannt, dass ich in mir selbst genug bin." Annas Geschichte zeigt, wie die Befreiung von Konsumabhängigkeit nicht nur äußere, sondern auch innere Veränderungen bewirkt.

Ein entscheidender Aspekt dieser Freiheit ist die bewusste Auseinandersetzung mit dem eigenen Lebenssinn. Frei von Konsumsucht zu sein bedeutet, die eigene Identität nicht mehr an äußeren Besitztümern festzumachen. Es eröffnet die Möglichkeit, tiefere Fragen zu stellen: Was macht mich wirklich glücklich? Welche Beziehungen sind mir wichtig? Wie kann ich sinnvoller mit meinen Ressourcen umgehen? Diese Fragen führen oft zu einer Neuorientierung, die das persönliche Wohlbefinden steigert und gleichzeitig den ökologischen Fußabdruck reduziert. Wie Fromm (1976) betont, liegt wahre Freiheit nicht im „Haben", sondern im „Sein" – in der Fähigkeit, sich auf authentische Erfahrungen und Beziehungen einzulassen.

Ein weiterer zentraler Gewinn der Freiheit von Konsumsucht ist die Entlastung von sozialem Druck. In einer Welt, die von materiellen Vergleichen geprägt ist, schafft der bewusste Verzicht auf übermäßigen Konsum Raum für mehr Authentizität und Unabhängigkeit. Menschen, die sich von diesem Druck befreit haben, berichten von einer tieferen Zufriedenheit und Gelassenheit. Sie müssen sich nicht mehr über Besitztümer definieren oder versuchen, mit den Lebensstilen anderer mitzuhalten. Diese innere Ruhe wirkt sich nicht nur positiv auf die psychische Gesundheit aus, sondern fördert auch stärkere, ehrlichere Beziehungen.

> **Praxistipp**
> Die Befreiung von Konsumsucht erfordert Geduld und Selbstreflexion. Beginnen Sie damit, Ihre Werte klar zu definieren und herauszufinden, was Ihnen wirklich wichtig ist. Achtsamkeit und der bewusste Umgang mit Bedürfnissen können helfen, sich von Konsumzwängen zu lösen.

Freiheit von Konsumsucht bedeutet jedoch nicht Verzicht im klassischen Sinne. Es geht nicht darum, den Konsum vollständig aufzugeben, sondern ihn in einen bewussten und nachhaltigen Kontext zu stellen. Dies schafft nicht nur mehr Zufriedenheit im Alltag, sondern auch eine tiefere Verbindung zu den eigenen Bedürfnissen und Werten. Indem wir lernen, uns von äußeren Erwartungen zu lösen, gewinnen wir eine neue Perspektive auf das, was wirklich zählt.

> **Zusammengefasst**
> - **Innere Unabhängigkeit und Werteorientierung:** Freiheit von Konsumsucht bedeutet, sich nicht mehr über materiellen Besitz zu definieren und statt-

dessen Entscheidungen im Einklang mit den eigenen Werten zu treffen. Diese Unabhängigkeit schafft Raum für persönliche Autonomie und die Fokussierung auf intrinsische Ziele wie persönliche Entwicklung, Beziehungen und Gemeinschaft, die nachhaltiges Wohlbefinden fördern.
- **Bewusstes Leben und Neuorientierung:** Der Ausstieg aus der Konsumsucht eröffnet die Möglichkeit, den eigenen Lebenssinn zu hinterfragen und Prioritäten neu zu setzen. Statt kurzfristiger Befriedigung durch Käufe rücken langfristige Zufriedenheit und eine tiefere Verbindung zu authentischen Erfahrungen und Beziehungen in den Vordergrund.
- **Entlastung von sozialem Druck und stärkere Authentizität:** Die bewusste Abkehr von materiellen Vergleichen schafft eine Gelassenheit, die sich positiv auf die psychische Gesundheit und soziale Beziehungen auswirkt. Freiheit von Konsumsucht bedeutet nicht Verzicht, sondern einen nachhaltigen Umgang mit Ressourcen und Bedürfnissen, der ein bewussteres, erfüllteres Leben ermöglicht.

Dieser Abschnitt hat gezeigt, dass die Freiheit von Konsumsucht weit über das bloße Aufgeben impulsiver Käufe hinausgeht. Sie eröffnet einen Raum für bewusste Entscheidungen, authentische Beziehungen und ein nachhaltiges Wohlbefinden. Diese Freiheit ist nicht das Ende, sondern der Beginn eines bewussteren Lebens, das auf inneren Werten und echter Zufriedenheit basiert.

8.2 Reflexion und Ausblick: Ihr Leben neu gestalten

In diesem Abschnitt erfahren Sie, wie Sie die Erkenntnisse über Ihr Konsumverhalten in eine nachhaltige Veränderung umsetzen können. Er inspiriert dazu, über den eigenen Umgang mit Konsum hinauszudenken und ein bewussteres, erfüllteres Leben zu gestalten.

Veränderung beginnt mit Reflexion. Die Reise, die Sie in diesem Buch begonnen haben, war keine leichte – Sie haben Ihr Konsumverhalten hinterfragt, persönliche Muster entdeckt und möglicherweise unangenehme Wahrheiten über sich selbst akzeptiert. Doch diese Reflexion ist der erste Schritt, um nicht nur Ihr Konsumverhalten, sondern auch Ihre Lebensgestaltung nachhaltig zu verändern. Es geht nicht darum, einfach weniger zu kaufen, sondern darum, eine neue Beziehung zu Besitz, Bedürfnissen und Prioritäten aufzubauen.

Die Grundlage einer solchen Veränderung ist das Bewusstsein. Viele von uns konsumieren automatisch, ohne die Beweggründe oder Konsequenzen wirklich zu hinterfragen. Ein Moment der Reflexion, wie er in diesem

Abschnitt angeregt wird, kann helfen, sich aus dieser Automatisierung zu lösen. Stellen Sie sich Fragen wie: „Warum kaufe ich das?" oder „Welche Bedürfnisse möchte ich mit diesem Kauf erfüllen?" Solche Überlegungen bringen Klarheit und schaffen Raum für bewusstere Entscheidungen. Ein Beispiel aus der Praxis zeigt, wie kraftvoll Reflexion sein kann: Peter, ein 42-jähriger Manager, erkannte, dass er viele seiner Käufe tätigte, um Stress abzubauen. Anstatt weiterhin zu konsumieren, begann er, alternative Bewältigungsstrategien zu entwickeln, wie das Praktizieren von Achtsamkeit und Bewegung. Diese Veränderung führte nicht nur zu weniger Ausgaben, sondern auch zu einem gesteigerten Wohlbefinden.

Veränderung ist jedoch ein Prozess, der nicht ohne Rückschläge auskommt. Alte Muster sind tief verwurzelt, und es ist normal, dass sie in schwierigen Zeiten wieder auftauchen. Wichtig ist, Rückfälle nicht als Scheitern zu betrachten, sondern als Gelegenheit, zu lernen und die eigenen Strategien anzupassen. Wenn Sie beispielsweise bemerken, dass Sie wieder impulsiv kaufen, nutzen Sie diesen Moment als Anlass zur Reflexion: „Was hat mich dazu veranlasst?" und „Welche Alternativen habe ich?" Indem Sie solche Situationen analysieren, stärken Sie Ihre Fähigkeit, in Zukunft bewusster zu handeln.

Ein weiterer zentraler Aspekt ist die Gestaltung einer neuen Lebensvision. Wer sich von den Zwängen des Konsumismus lösen möchte, braucht positive Ziele, die über den Erwerb von Gütern hinausgehen. Fragen Sie sich: „Was macht mein Leben wirklich reich?" und „Welche Werte möchte ich leben?" Antworten auf diese Fragen können Ihnen helfen, Ihre Prioritäten neu zu ordnen. Für viele Menschen bedeutet dies, mehr Zeit mit Familie und Freunden zu verbringen, kreativen Leidenschaften nachzugehen oder die Verbindung zur Natur zu stärken. Eine solche Vision gibt Ihrem Leben nicht nur Tiefe, sondern auch eine klare Richtung, die Sie von der Oberflächlichkeit des Konsums befreit.

> **Praxistipp**
> Nehmen Sie sich regelmäßig Zeit, um über Ihre Fortschritte nachzudenken. Schreiben Sie in ein Tagebuch, was Ihnen gelungen ist und welche Herausforderungen Sie gemeistert haben. Dieser Prozess hilft Ihnen, auf Ihrem Weg motiviert zu bleiben und sich Ihrer Erfolge bewusst zu werden.

Das Leben neu zu gestalten, bedeutet auch, sich auf das Wesentliche zu konzentrieren. Minimalismus ist eine Philosophie, die viele Menschen inspiriert, ihr Leben zu vereinfachen und sich auf das zu konzentrieren, was wirklich zählt. Es geht dabei nicht nur um den Verzicht auf materielle Dinge, sondern um das bewusste Erleben des Augenblicks und die Wertschätzung dessen, was bereits vorhanden ist (Millburn & Nicodemus, 2014). Diese Haltung kann helfen, sich von der Illusion zu lösen, dass mehr Besitz automatisch zu mehr Glück führt.

> **Wichtig**
> Veränderung braucht Zeit und Geduld. Geben Sie sich selbst die Erlaubnis, Fehler zu machen, und feiern Sie kleine Erfolge. Jeder Schritt in Richtung eines bewussteren Lebens ist ein Erfolg.

> **Hinweis auf Übung 10**
> Die Übung 10 in Abschn. 9.3.10 „Gestalten Sie Ihre persönliche Lebensvision" hilft Ihnen, eine persönliche Lebensvision zu entwickeln und konkrete Schritte zu definieren, um Ihr Leben bewusster und erfüllter zu gestalten. Nutzen Sie diese Übung, um Ihre Werte und Ziele zu klären und Ihren Alltag nachhaltig zu verändern.

Dieser Abschnitt soll nicht nur motivieren, sondern auch inspirieren, Ihr Leben aktiv zu gestalten. Der Konsumismus hat uns gelehrt, dass Glück in äußeren Dingen liegt – doch die wahre Erfüllung finden wir in uns selbst und in der Tiefe unserer Beziehungen zu anderen. Nutzen Sie die Erkenntnisse dieses Buches, um Ihren eigenen Weg zu finden und sich von den Mustern zu lösen, die Sie bisher geprägt haben.

> **Zusammengefasst**
> - **Reflexion als Grundlage für Veränderung:** Dieser Abschnitt betont die Bedeutung der bewussten Auseinandersetzung mit den eigenen Konsummustern und Beweggründen. Er zeigt, wie durch gezielte Fragen und persönliche Erkenntnisse ein tieferes Verständnis für die emotionalen und sozialen Hintergründe des Konsums entsteht. Diese Reflexion bildet die Basis für nachhaltige Verhaltensänderungen.
> - **Strategien für einen bewussteren Lebensstil:** Der Fokus liegt auf der Entwicklung alternativer Bewältigungsmechanismen, wie Achtsamkeit und der Neuausrichtung von Prioritäten, um impulsives Kaufverhalten zu reduzieren. Rückschläge werden als Lernchancen betrachtet, um langfristig eine stabilere Selbstkontrolle und emotionale Resilienz aufzubauen.

- **Gestaltung einer neuen Lebensvision:** Der Abschnitt inspiriert dazu, Werte und Ziele jenseits von Materialismus zu entdecken, etwa durch Minimalismus, stärkere zwischenmenschliche Beziehungen oder das Streben nach persönlichem Wachstum. Es zeigt, wie ein Leben, das auf das Wesentliche fokussiert ist, tieferes Glück und Zufriedenheit fördern kann.

Dieser Abschnitt ermutigt dazu, die Reflexion über das eigene Konsumverhalten in konkrete Veränderungen umzusetzen. Es zeigt, wie ein bewussteres, erfüllteres Leben jenseits von Konsum und Materialismus möglich ist und wie Sie durch kleine, kontinuierliche Schritte nachhaltige Veränderungen bewirken können.

Literatur

Belk, R. W. (2013). Extended self in a digital world. *Journal of Consumer Research, 40*(3), 477–500.

Fromm, E. (1976): *Haben oder Sein: Die seelischen Grundlagen einer neuen Gesellschaft.* Dtv.

Kasser, T. (2002). *The high price of materialism.* Cambridge: MIT Press.

Millburn, J., & Nicodemus, R. (2014). *Everything that remains: a memoir by the minimalists.* Asymmetrical Press.

Ryan, R. M., & Deci, E. L. (2000). Self-determination theory and the facilitation of intrinsic motivation, social development, and well-being. *American Psychologist, 55*(1), 68–78.

Seligman, M. E. P. (2002). *Authentic happiness: Using the new positive psychology to realize your potential for lasting fulfillment.* Free Press.

Solomon, M. R. (2020). *Consumer behavior: Buying, having, and being.* Pearson.

Thich Nhat Hanh (1999). *The miracle of mindfulness: An introduction to the practice of meditation.* Beacon Press.

9

Hilfreiche Ressourcen und weiterführende Unterstützung

Zusammenfassung Hier finden sich eine Vielzahl praktischer Ressourcen: Checklisten zur Selbstdiagnose, Reflexionsübungen und konkrete Anleitungen zur Verhaltensänderung. Praktische Übungen, wie das Führen eines Konsumtagebuchs oder gezielte Achtsamkeitsübungen, helfen, die theoretischen Inhalte in den Alltag zu integrieren. Zudem werden weiterführende Literatur und professionelle Anlaufstellen für Betroffene empfohlen.

Veränderung erfordert Wissen und Orientierung. Kap. 9 bietet Ihnen eine Sammlung wertvoller Ressourcen, die Ihnen helfen, Ihr Verständnis von Konsum- und Luxussucht zu vertiefen und praktische Unterstützung auf Ihrem Weg zu einem bewussteren Leben zu finden. Von fundierter Literatur über informative Webseiten bis hin zu Beratungsstellen finden Sie hier alles, was Sie benötigen, um sich weiterzubilden und konkrete Schritte zur Verbesserung Ihres Konsumverhaltens einzuleiten. Dieses Kapitel ist eine Einladung, Ihre Reise fortzusetzen und neue Perspektiven zu entdecken.

9.1 Literaturtipps

> In diesem Abschnitt erhalten Sie eine Auswahl an fundierter Literatur und relevanten Online-Ressourcen, die Ihnen helfen, Ihr Wissen über Konsum- und Luxussucht zu vertiefen und praktische Lösungsansätze zu finden.

Das Thema Konsumsucht ist komplex und erfordert ein breites Verständnis, das über die Inhalte dieses Buches hinausgeht. Für Leser, die tiefer in die Materie eintauchen möchten, bietet eine gut kuratierte Auswahl an Literatur und Online-Ressourcen einen unschätzbaren Mehrwert. Die folgenden Empfehlungen umfassen wissenschaftliche Studien, praxisorientierte Ratgeber sowie informative Webseiten, die aktuelle Erkenntnisse und Hilfestellungen bieten.

Eine grundlegende Lektüre, die sich mit den psychologischen und kulturellen Mechanismen hinter Konsumverhalten befasst, ist *Consumer Culture, Identity and Well-Being* von Helga Dittmar (2008). Dittmar zeigt auf, wie Konsum eng mit der Suche nach Identität und Wohlbefinden verknüpft ist und warum materialistische Werte oft zu Unzufriedenheit führen. Diese Arbeit bietet eine tiefgehende Analyse der gesellschaftlichen Dynamik des Konsums und hilft, die kulturellen Einflüsse auf individuelle Verhaltensweisen zu verstehen.

Ebenso empfiehlt sich das Buch *Die benötigte Sucht* von Oliver Hoffmann (2025). Hier erläutere ich die Theorie hinter der Konsumsucht weit detaillierter und gehe ausführlich auf die Überwindung der multifaktoriellen Abhängigkeiten ein.

Für eine breitere Perspektive auf den Materialismus und seine Auswirkungen auf die Lebensqualität bietet Tim Kasser in *The High Price of Materialism* (2002) einen umfassenden Einblick. Kasser argumentiert, dass materialistische Werte nicht nur das persönliche Wohlbefinden mindern, sondern auch soziale Beziehungen belasten und ökologische Probleme verschärfen. Dieses Buch ist besonders empfehlenswert für Leser, die die gesellschaftliche Dimension des Konsums und dessen Einfluss auf die Umwelt verstehen möchten.

Eine praxisorientierte Herangehensweise liefert David T. Courtwright in *The Age of Addiction: How Bad Habits Became Big Business* (2019). Courtwright untersucht, wie Unternehmen gezielt süchtig machende Konsummuster fördern und warum es so schwer ist, diesen zu entkommen. Die Verbindung zwischen persönlichem Verhalten und wirtschaftlichen Interessen wird hier eindrucksvoll dargelegt und gibt Denkanstöße, wie man bewusster mit Konsumanreizen umgehen kann.

Für diejenigen, die nach einem psychologischen Verständnis von Kaufverhalten suchen, bietet der Klassiker *The Buying Impulse* von Dennis Rook (1987) wertvolle Einblicke. Rook analysiert die Dynamik von Impulskäufen und erklärt, warum spontane Entscheidungen häufig von emotionalen und kognitiven Verzerrungen beeinflusst werden. Ergänzend dazu beschreibt Erich Fromm in *Haben oder Sein* (1976), wie die Orientierung am Besitz den Menschen von authentischen Erfahrungen entfremdet und welche Alternativen es gibt, um ein erfüllteres Leben zu führen.

> **Praxistipp**
> Nutzen Sie die empfohlenen Quellen nicht nur zur Informationsbeschaffung, sondern auch als Grundlage für Selbstreflexion. Halten Sie während des Lesens inne und überlegen Sie, wie die beschriebenen Erkenntnisse auf Ihr eigenes Verhalten oder Ihre Umgebung zutreffen könnten.

Die Kombination aus wissenschaftlicher Literatur und praxisnahen Ressourcen bietet ein breites Spektrum an Wissen, das Ihnen helfen kann, den Umgang mit Konsum bewusster und kritischer zu gestalten. Während die Literatur vor allem tiefgehende Analysen und langfristige Perspektiven bietet, liefern Online-Ressourcen oft aktuelle Einblicke und praktische Tipps, die leicht in den Alltag integriert werden können.

> **Zusammengefasst**
> Dieser Abschnitt hat Ihnen eine fundierte Auswahl an Büchern und Ressourcen vorgestellt, die als Grundlage für ein besseres Verständnis von Konsum- und Luxussucht dienen können. Nutzen Sie diese Empfehlungen, um Ihre Perspektive zu erweitern und konkrete Schritte zur Veränderung Ihres Konsumverhaltens einzuleiten.

9.2 Checklisten

Manchmal (eigentlich sogar oft) ist es erstaunlich anspruchsvoll, das eigene Verhalten klar zu reflektieren und zu erkennen, ob das individuelle Konsumverhalten vielleicht schon problematisch ist. Hier können Checklisten eine wertvolle erste Hilfe sein. Sie bieten Ihnen die Möglichkeit, sich selbst auf einfache und strukturierte Weise zu hinterfragen. Durch gezielte Fragen, die auf bestimmte Verhaltensmuster abzielen, können Sie herausfinden, ob Ihr Konsum vielleicht schon eine Suchtkomponente aufweist. Checklisten sind ein wertvolles Instrument, um erste Anzeichen frühzeitig zu erkennen und möglicherweise größere Probleme zu verhindern.

Der Schlüssel zur erfolgreichen Nutzung einer Checkliste liegt in Ihrer Ehrlichkeit und Selbstreflexion. Wenn Sie die Fragen durchgehen, nehmen Sie sich bewusst Zeit, um über Ihre persönlichen Erfahrungen und Gefühle nachzudenken. Fragen wie „Kaufe ich oft impulsiv Dinge, die ich gar nicht brauche?" oder „Verwende ich Einkaufen als Mittel, um negative Emotionen zu bewältigen?" sollten Sie wirklich aufrichtig beantworten. Es geht nicht darum, sich selbst zu bewerten oder zu verurteilen, sondern Klarheit zu gewinnen. Eine Checkliste gibt Ihnen die Möglichkeit, Ihr Konsumverhalten auf den Prüfstand zu stellen und zu erkennen, ob es bereits süchtig machende Züge entwickelt hat. Gleichzeitig rate ich stets dazu, Checklisten schriftlich zu beantworten; Verschriftung steigert den Effekt der persönlichen Reflexion beträchtlich. Verschriftung ist nicht nur ein passiver Akt des Festhaltens von Gedanken und Gefühlen, sondern ein aktiver Prozess der Gestaltung. Wenn wir schreiben, formen wir unsere Gedanken und bringen sie in eine Struktur, die uns neue Perspektiven eröffnet. Wir treten in einen Dialog mit uns selbst und können gezielt unsere innere Welt beeinflussen. Verschriftung kann als ein aktives Instrument genutzt werden, um mentale Prozesse gezielt zu lenken. Der Akt des Schreibens ermöglicht es uns, destruktive Gedankenmuster zu erkennen und zu transformieren. Wir können unsere Gedanken umstrukturieren, Emotionen in neue Bahnen lenken und uns bewusst dafür entscheiden, welche Erinnerungen wir als Ressource für unser gegenwärtiges Handeln nutzen möchten.

Selbst wenn wir uns übermäßigen Konsum eingestehen, ist es oft schwierig, die Ursachen dafür zu erkennen. Viele Menschen nutzen den Kauf von Waren als eine Form der Ablenkung oder zur emotionalen Regulierung, ohne sich dessen wirklich bewusst zu sein. Indem Sie eine Checkliste durchgehen, können Sie diese emotionalen Auslöser identifizieren und das zugrunde liegende Bedürfnis verstehen. Sie ermöglicht es Ihnen, Ihr Verhalten zu analysieren und klare Muster zu erkennen – beispielsweise ob Sie öfter kaufen, um Stress abzubauen oder sich selbst zu belohnen.

Diese Selbsteinschätzung dient als erster Schritt auf dem Weg zu einer bewussteren Kontrolle Ihres Konsumverhaltens. Sollten Sie Anzeichen für problematisches Kaufverhalten entdecken, ist dies ein guter Anlass, über mögliche Veränderungen nachzudenken oder sogar professionelle Hilfe in Anspruch zu nehmen. Checklisten helfen Ihnen, die Kontrolle über Ihr Konsumverhalten zurückzugewinnen, bevor es Sie vollständig kontrolliert.

Checklisten zur Selbsteinschätzung geben Ihnen also einen klaren Überblick über Ihre Verhaltensweisen und helfen dabei, bewusstere Entscheidungen zu treffen. Sie sind ein erster, wichtiger Schritt hin zu einem gesünderen und ausgewogenen Verhältnis zum Konsum.

Ich habe die Checklisten in diesem Buch entlang der wichtigsten Inhalte in acht Bereiche (mit insgesamt 35 Fragen) unterteilt:

1. Checkliste zur allgemeinen Erkennung einer Konsumsucht
2. Emotionale Auslöser: Eine Checkliste zur Selbstreflexion
3. Checkliste zur finanziellen Belastung
4. Soziale und berufliche Auswirkungen
5. Die Rolle des Selbstwerts: Eine psychologische Checkliste
6. Rolle von Impulsivität und Impulskontrolle
7. Kognitive Verzerrungen und Kaufsucht
8. Checklisten zur Bewältigung: Interventionen und Veränderungsstrategien

1. Checkliste zur allgemeinen Erkennung einer Konsumsucht
Die erste Checkliste zielt darauf ab, die allgemeinen Anzeichen und Symptome der Konsumsucht zu erkennen. Diese Fragen basieren auf meinen Erkenntnissen und Forschungsergebnissen zur zwanghaften Kaufsucht.

1. **Kaufen Sie häufiger Dinge, die Sie eigentlich nicht benötigen?**
   Zwanghafte Käufer erleben oft den Drang, Dinge zu erwerben, die sie nicht brauchen, nur um den Kaufakt selbst durchzuführen. Dies kann ein Hinweis darauf sein, dass das Kaufen mehr ein emotionaler als ein praktischer Akt ist.
2. **Haben Sie Schwierigkeiten, Ihre Ausgaben zu kontrollieren?**
   Ein zentrales Merkmal der Konsumsucht ist der Verlust der Kontrolle über das eigene Kaufverhalten. Viele Betroffene geben an, dass sie trotz der negativen Konsequenzen (z. B. Schulden) nicht in der Lage sind, ihr Verhalten zu ändern.
3. **Verbringen Sie viel Zeit damit, über Einkäufe nachzudenken oder zu planen?**
   Konsumsüchtige denken oft zwanghaft über Einkäufe nach, planen ihren nächsten Einkauf oder beschäftigen sich mit Dingen, die sie sich in Zukunft kaufen möchten. Dieses Verhalten kann ein Zeichen dafür sein, dass Konsum einen übermäßigen Platz im Leben eingenommen hat.
4. **Empfinden Sie nach dem Kauf Schuld oder Reue?**
   Viele Betroffene berichten von einem kurzen Hochgefühl nach dem Kauf, gefolgt von Schuld- oder Schamgefühlen, weil sie wissen, dass der Kauf unnötig war oder ihre finanzielle Lage verschlechtert hat.
5. **Haben Ihre Einkäufe negative Auswirkungen auf Ihre Finanzen oder sozialen Beziehungen?**
   Konsumsucht kann zu erheblichen finanziellen Problemen und sozialen Konflikten führen, insbesondere wenn das Verhalten vor Familie oder Freunden geheim gehalten wird.

6. **Wann waren Sie das letzte Mal wirklich glücklich?**
Diese Frage kann der Ausgangspunkt sein, individuelle Konsumsucht effektiv einordnen zu können.

2. Emotionale Auslöser: Eine Checkliste zur Selbstreflexion

Emotionen spielen eine zentrale Rolle bei der Entstehung und Aufrechterhaltung von Konsumsucht. Viele Betroffene verwenden den Kauf von Waren als Bewältigungsstrategie, um mit negativen Gefühlen wie Langeweile, Angst oder Einsamkeit umzugehen.

1. **Kaufen Sie, um negative Emotionen zu bewältigen (z. B. Stress, Traurigkeit, Einsamkeit)?**
Zwanghafte Käufer neigen dazu, den Kaufakt als Mittel zur emotionalen Bewältigung zu nutzen. Dieses Verhalten wird oft als „emotionales Kaufen" bezeichnet und kann auf tieferliegende psychische Probleme hinweisen.
2. **Fühlen Sie sich oft einsam oder gelangweilt und greifen zum Shoppen, um sich besser zu fühlen?**
Langeweile und Einsamkeit sind häufige emotionale Auslöser für Konsumsucht. Betroffene berichten, dass sie das Einkaufen nutzen, um vorübergehend ein Gefühl der Erfüllung oder sozialen Interaktion zu erlangen.
3. **Erleben Sie nach dem Kauf ein „High", das jedoch schnell nachlässt?**
Die Dopaminfreisetzung beim Kauf führt zu einem kurzen Glücksgefühl, das jedoch schnell abklingt. Viele Konsumsüchtige verspüren danach ein starkes Bedürfnis, diesen Zustand durch erneutes Einkaufen wiederherzustellen.
4. **Vermeiden Sie bewusst Situationen, die Sie an Ihre Kaufsucht erinnern (z. B. Einkaufszentren oder Online-Shops)?**
Einige Betroffene erkennen ihre Sucht an und versuchen, Situationen zu vermeiden, in denen sie impulsiv kaufen könnten. Dieses Vermeidungsverhalten ist oft ein Zeichen dafür, dass das Problem tiefer liegt als bloße „Einkaufsgewohnheiten".

3. Checkliste zur finanziellen Belastung

Ein wesentliches Merkmal der Konsumsucht ist die finanzielle Belastung, die sie mit sich bringt. Viele Betroffene geraten durch ihre unkontrollierten Einkäufe in erhebliche Schulden, was die psychische Belastung zusätzlich verstärkt.

1. **Haben Sie Schwierigkeiten, Ihre Rechnungen pünktlich zu bezahlen, weil Sie zu viel Geld für unnötige Einkäufe ausgeben?**
Finanzieller Stress ist oft eines der ersten Anzeichen für problematisches Kaufverhalten. Viele Konsumsüchtige verwenden Geld, das für wichtige Ausgaben wie Miete oder Rechnungen gedacht war, um impulsive Käufe zu tätigen.
2. **Verwenden Sie Kreditkarten oder Kredite, um Ihre Einkäufe zu finanzieren?**
Der Gebrauch von Krediten oder Ratenzahlungen ist ein häufiges Merkmal bei Konsumsüchtigen, die ihre Einkäufe nicht mehr aus ihren laufenden Einkünften bestreiten können. Dies führt oft zu einer Schuldenspirale, aus der es schwer ist, auszubrechen.
3. **Verstecken Sie Einkäufe oder geben falsche Informationen über Ihre Finanzen an Ihr soziales Umfeld, um Ihr Kaufverhalten zu verbergen?**
Viele Betroffene verbergen ihre Einkäufe vor Familienmitgliedern oder Freunden, aus Scham oder Angst vor Konsequenzen. Dieses heimliche Verhalten ist oft ein Zeichen dafür, dass das Problem außer Kontrolle geraten ist.
4. **Haben Sie schon einmal darüber nachgedacht, einen Kredit aufzunehmen, um Ihre Schulden zu begleichen, die durch Einkäufe entstanden sind?**
Die Aufnahme von Krediten zur Deckung von Schulden aus Konsumverhalten ist ein gefährliches Warnsignal und kann langfristig zu erheblicher finanzieller Instabilität führen.

4. Soziale und berufliche Auswirkungen
Die sozialen und beruflichen Auswirkungen von Konsumsucht können ebenso gravierend sein wie die finanziellen Folgen. Das zwanghafte Kaufverhalten wirkt sich häufig negativ auf Beziehungen zu Freunden, Familie und Arbeitskollegen aus, da die Betroffenen zunehmend isoliert sind und das Vertrauen in ihrem Umfeld schwindet.

1. **Haben Sie bereits Beziehungen oder Freundschaften verloren, weil Ihr Kaufverhalten als problematisch wahrgenommen wurde?**
Konsumsucht führt oft zu Spannungen in Beziehungen, insbesondere wenn Betroffene ihre Kaufsucht vor Familienmitgliedern oder Partnern verbergen. Geheimhaltung, Schulden und unausgesprochene Konflikte sind häufige Auslöser für soziale Isolation.

2. **Beeinflusst Ihr Kaufverhalten Ihre Leistung bei der Arbeit oder in der Schule?**
   Viele Betroffene berichten, dass ihre Gedanken ständig um das Kaufen kreisen, was sie daran hindert, sich auf ihre Arbeit oder andere wichtige Aufgaben zu konzentrieren. Dieser Mangel an Konzentration und die zunehmende finanzielle Belastung können sich negativ auf die berufliche Leistung auswirken.
3. **Haben Sie jemals Arbeitsmittel oder Ressourcen für persönliche Einkäufe verwendet?**
   Einige Konsumsüchtige greifen auf das Arbeitsumfeld zurück, um ihre Kaufsucht zu unterstützen, sei es durch die Verwendung von Firmenkreditkarten oder das heimliche Bestellen von Waren während der Arbeitszeit. Dies kann nicht nur das Arbeitsverhältnis gefährden, sondern auch rechtliche Konsequenzen haben.
4. **Ziehen Sie sich von sozialen Aktivitäten zurück, um Ihr Kaufverhalten zu verbergen?**
   Betroffene vermeiden oft soziale Interaktionen, insbesondere wenn sie wissen, dass ihr Kaufverhalten kritisch betrachtet wird. Diese Isolation verstärkt die psychische Belastung und trägt zur weiteren Verschlechterung der psychischen Gesundheit.

5. Die Rolle des Selbstwerts: Eine psychologische Checkliste

Selbstwertprobleme sind oft ein entscheidender Faktor bei der Entwicklung von Konsumsucht. Menschen, die ein geringes Selbstwertgefühl haben, neigen dazu, den Kauf von Konsumgütern als Möglichkeit zu nutzen, ihre innere Leere zu füllen oder sich selbst zu belohnen.

1. **Fühlen Sie sich nach einem Einkauf besser oder selbstbewusster, auch wenn der Kauf unnötig war?**
   Konsumsüchtige erleben oft einen kurzfristigen Anstieg des Selbstwertgefühls nach einem Kauf, da sie das Gefühl haben, sich etwas „gegönnt" zu haben. Dieser Effekt ist jedoch oft nur von kurzer Dauer und wird schnell von Reue abgelöst.
2. **Verwenden Sie Einkäufe als Belohnung für persönliche Erfolge oder um Stress abzubauen?**
   Einkaufen wird von vielen Betroffenen als Möglichkeit genutzt, um sich selbst zu belohnen, auch wenn dies langfristig negative Folgen hat. Dieses Verhalten verstärkt das Problem, indem es zu einem Teufelskreis von Konsum und Schuld führt.

3. **Vergleichen Sie sich oft mit anderen in Bezug auf das, was Sie besitzen?**
Soziale Vergleiche spielen eine Schlüsselrolle bei der Aufrechterhaltung von Konsumsucht. In einer Gesellschaft, in der Konsumgüter als Zeichen von Erfolg und Wohlstand gelten, fühlen sich viele Menschen unter Druck gesetzt, mit anderen mithalten zu müssen.
4. **Haben Sie das Gefühl, dass Ihr Selbstwert von den Dingen abhängt, die Sie besitzen?**
Menschen, die unter Konsumsucht leiden, messen ihrem Besitz oft einen überproportionalen Wert bei. Dieser Zusammenhang zwischen materiellen Gütern und Selbstwert kann das Verhalten weiter verstärken und die Fähigkeit, sich von der Sucht zu lösen, beeinträchtigen.

6. Rolle von Impulsivität und Impulskontrolle
Konsumsucht wird häufig durch mangelnde Impulskontrolle charakterisiert. Impulsive Verhaltensweisen sind im psychologischen Kontext oft mit affektiven Zuständen wie Frustration, Angst oder Langeweile verbunden. Konsumenten, die unter Impulskontrollstörungen leiden, greifen häufig auf den Kauf von Gütern zurück, um sich kurzfristig besser zu fühlen. Dies verstärkt die Sucht und kann auf lange Sicht sowohl psychische als auch finanzielle Probleme verursachen.

1. **Handeln Sie häufig impulsiv, wenn es um den Kauf von Waren geht, ohne über die Konsequenzen nachzudenken?**
Impulsives Kaufverhalten ist ein starkes Anzeichen für Konsumsucht. Es deutet darauf hin, dass das Bedürfnis nach sofortiger Befriedigung die langfristigen Auswirkungen überwiegt.
2. **Haben Sie das Gefühl, dass Sie Ihre Impulse nicht kontrollieren können, wenn Sie ein Produkt sehen, das Sie interessiert?**
Die Unfähigkeit, Kaufimpulse zu kontrollieren, ist ein weiteres Kennzeichen für problematisches Verhalten und kann auf tiefere psychologische Probleme hinweisen.
3. **Erleben Sie Frustration oder Ärger, wenn Sie einen Kauf nicht sofort tätigen können?**
Dieser Frustrationseffekt ist häufig bei Konsumsüchtigen zu beobachten, die ihr Kaufverhalten nicht mehr kontrollieren können und sich durch Einschränkungen oder Hindernisse stark emotional beeinträchtigt fühlen.
4. **Haben Sie das Gefühl, dass Einkaufen eine Möglichkeit ist, negative Emotionen zu lindern?**

Emotionale Käufe sind oft impulsiv und dienen dazu, kurzfristig negative Gefühle wie Einsamkeit oder Frustration zu bewältigen. Dieses Verhalten verstärkt sich häufig, wenn es nicht erkannt und kontrolliert wird.

7. Kognitive Verzerrungen und Kaufsucht

Kognitive Verzerrungen, wie das Rationalisieren von impulsiven Käufen oder das Überbetonen der Bedeutung von materiellen Gütern, spielen eine wichtige Rolle bei der Aufrechterhaltung von Konsumsucht. Diese Denkfehler führen dazu, dass Betroffene ihre Ausgaben rechtfertigen oder den Kauf als notwendig oder verdient betrachten.

1. **Haben Sie schon einmal einen Kauf rationalisiert, indem Sie sich sagten, dass Sie ihn „verdient" haben, auch wenn Sie wissen, dass er unnötig ist?**
   Viele Betroffene rechtfertigen ihre Käufe, indem sie den Kauf als Belohnung oder als etwas Notwendiges darstellen. Diese kognitiven Verzerrungen verstärken das Verhalten und verhindern oft, dass das eigentliche Problem erkannt wird.
2. **Glauben Sie, dass der Besitz bestimmter Güter Ihr Leben verbessern wird?**
   Die Überzeugung, dass materielle Güter Glück oder Erfüllung bringen, ist ein weit verbreitetes Denkmuster bei Konsumsüchtigen. Dies führt oft zu ständigen Käufen, ohne dass die erhoffte Zufriedenheit erreicht wird.
3. **Nehmen Sie häufig an, dass „andere" es auch tun und Sie deshalb ebenfalls kaufen sollten?**
   Soziale Vergleiche und der Wunsch, mit anderen mitzuhalten, spielen eine zentrale Rolle bei der Entstehung von Konsumsucht. Diese Art der kognitiven Verzerrung führt oft zu impulsiven und unnötigen Käufen

8. Checklisten zur Bewältigung: Interventionen und Veränderungsstrategien

Neben der Selbsterkennung ist die Entwicklung von Bewältigungsstrategien entscheidend, um sich von der Konsumsucht zu befreien. Diese Checkliste bietet praktische Ansätze, um das Kaufverhalten zu reflektieren und zu verändern.

1. **Hinterfragen Sie jeden Kauf: Brauche ich das wirklich?**
   Eine einfache, aber effektive Strategie besteht darin, jeden potenziellen Kauf zu hinterfragen. Wenn der Kauf auf emotionalen Impulsen basiert, hilft es, sich Zeit zu nehmen und den Kauf zu überdenken.

2. **Setzen Sie sich finanzielle Grenzen und verfolgen Sie Ihre Ausgaben**
   Das Aufstellen eines klaren Budgets und die Verfolgung von Ausgaben können dazu beitragen, impulsive Käufe zu verhindern und die Kontrolle über die Finanzen zurückzugewinnen.
3. **Vermeiden Sie Kreditkarten oder Ratenzahlungen**
   Verwenden Sie nach Möglichkeit Bargeld oder Debitkarten, um Ihre Ausgaben besser im Blick zu behalten. Vermeiden Sie Finanzierungsmodelle, die es Ihnen ermöglichen, Käufe auf Kredit zu tätigen, da diese oft zur Verschuldung führen.
4. **Vermeiden Sie „Trigger" wie Einkaufszentren oder Online-Shops, wenn Sie sich emotional belastet fühlen**
   Ein bewusster Umgang mit Kaufauslösern kann helfen, impulsive Käufe zu verhindern. Wenn Sie wissen, dass Sie anfällig für emotionales Einkaufen sind, sollten Sie diese Situationen aktiv meiden.
5. **Suchen Sie aktiv nach alternativen Wegen, um mit negativen Emotionen umzugehen?**
   Anstelle von Einkäufen sollten Betroffene alternative Bewältigungsstrategien entwickeln, wie z. B. Sport, Meditation oder Gespräche mit Freunden. Diese Strategien helfen, emotionale Lücken zu füllen, ohne auf Konsumgüter zurückzugreifen.
6. **Nutzen Sie professionelle Hilfe?**
   Wenn Sie das Gefühl haben, die Kontrolle über Ihr Kaufverhalten verloren zu haben, zögern Sie nicht, professionelle Hilfe in Anspruch zu nehmen. Psychotherapie, insbesondere kognitive Verhaltenstherapie, hat sich als wirksame Behandlung für Konsumsucht erwiesen.
7. **Tauschen Sie sich mit anderen über Ihre Suchterfahrungen aus?**
   Selbsthilfegruppen oder Online-Foren können eine wertvolle Unterstützung bieten. Der Austausch mit anderen, die ähnliche Erfahrungen gemacht haben, kann Ihnen helfen, sich weniger isoliert zu fühlen und praktische Ratschläge zur Bewältigung der Sucht zu erhalten.

> Checklisten zur Selbsteinschätzung bieten eine gute erste Möglichkeit, problematisches Kaufverhalten frühzeitig zu erkennen und die notwendigen Schritte zur Veränderung einzuleiten. Es ist jedoch entscheidend, dass Betroffene nicht nur die Symptome ihres Verhaltens erkennen, sondern auch die zugrunde liegenden psychologischen Mechanismen verstehen, um langfristige Veränderungen herbeizuführen.

9.3 Praktische Übungen

Die Auseinandersetzung mit Konsumverhalten und den dahinterliegenden psychologischen Mechanismen ist ein wichtiger Schritt, um langfristige Veränderungen im Alltag zu bewirken. Doch Erkenntnisse allein reichen oft nicht aus, um tief verwurzelte Muster zu durchbrechen. Die praktischen Übungen in diesem Kapitel dienen als Brücke zwischen theoretischem Verständnis und konkretem Handeln. Sie sollen Ihnen helfen, Ihr Konsumverhalten bewusster zu reflektieren, emotionale Trigger zu erkennen und alternative Strategien zur Bedürfnisbefriedigung zu entwickeln.

Diese Übungen sind so konzipiert, dass sie auf unterschiedliche Bedürfnisse und Lebenssituationen eingehen. Sie bieten sowohl die Möglichkeit zur Selbstreflexion als auch Ansätze, um aktiv neue Verhaltensweisen zu erproben. Ziel ist es, Ihnen Werkzeuge an die Hand zu geben, mit denen Sie nicht nur kurzfristige Veränderungen erreichen, sondern nachhaltige Verbesserungen in Ihrem Umgang mit Konsum und Ihren persönlichen Werten umsetzen können.

Die Übungen fordern keine Perfektion, sondern ermutigen dazu, bewusst kleine Schritte zu gehen. Jeder Moment der Achtsamkeit, jede reflektierte Entscheidung und jedes Hinterfragen automatisierter Gewohnheiten bringt Sie näher an ein bewussteres und erfüllteres Leben. Nutzen Sie diese Abschnitte als Gelegenheit, aktiv Verantwortung für Ihr Konsumverhalten zu übernehmen und den Wandel zu gestalten, den Sie sich für sich selbst wünschen.

9.3.1 Übung 1: Achtsamkeit im Kaufverhalten stärken

Diese Übung zielt darauf ab, die zugrunde liegenden Mechanismen Ihrer Konsumgewohnheiten zu erkennen und bewusstere Entscheidungen zu treffen. Sie basiert auf dem Konzept der Achtsamkeit und hilft Ihnen, den emotionalen Auslösern für impulsives Kaufverhalten auf den Grund zu gehen. Führen Sie die Übung idealerweise schriftlich in einem Notizbuch oder digital durch, um die Ergebnisse zu dokumentieren und später reflektieren zu können.

Schritt 1: Emotionale Selbstbeobachtung vor dem Kauf
Bevor Sie einen Kauf tätigen – ob online oder im Geschäft – nehmen Sie sich einen Moment Zeit, um innezuhalten. Stellen Sie sich die folgenden Fragen:

- **Was fühle ich in diesem Moment?** (z. B. Langeweile, Stress, Freude, Unsicherheit)
- **Welche Gedanken gehen mir durch den Kopf?** (z. B. „Ich brauche das wirklich", „Das wird mich glücklich machen", „Das ist ein Schnäppchen")
- **Was erhoffe ich mir von diesem Kauf?** (z. B. Belohnung, Ablenkung, Verbesserung meines Lebens)

Notieren Sie Ihre Antworten, ohne sie zu bewerten. Ziel ist es, ein Bewusstsein für die emotionalen und kognitiven Prozesse zu entwickeln, die Ihren Kaufimpuls auslösen.

Schritt 2: Reflektieren Sie Ihre Kaufmotivation
Nachdem Sie Ihre Emotionen und Gedanken identifiziert haben, fragen Sie sich:

- **Brauche ich dieses Produkt tatsächlich, oder reagiere ich auf ein emotionales Bedürfnis?**
- **Wird dieser Kauf langfristig einen positiven Unterschied in meinem Leben machen, oder ist die Freude nur von kurzer Dauer?**
- **Kann ich den Kauf verschieben und später noch einmal darüber nachdenken?**

Wenn Sie den Kaufimpuls als emotionale Reaktion identifizieren, versuchen Sie, ihn bewusst aufzuschieben – selbst nur für wenige Stunden. Diese Verzögerung schafft Raum, um die Entscheidung klarer zu betrachten.

Schritt 3: Alternative Strategien entwickeln
Statt dem Impuls nachzugeben, entwickeln Sie alternative Strategien, um mit den zugrunde liegenden Emotionen umzugehen:

- **Wenn Sie sich gestresst fühlen:** Machen Sie eine kurze Atemübung oder gehen Sie an die frische Luft.
- **Wenn Sie sich einsam fühlen:** Kontaktieren Sie einen Freund oder ein Familienmitglied, um ein Gespräch zu beginnen.
- **Wenn Sie sich langweilen:** Greifen Sie zu einem kreativen Hobby, wie Zeichnen, Schreiben oder Musizieren, oder lesen Sie ein Buch.

Diese Alternativen helfen Ihnen, emotionale Bedürfnisse auf eine gesündere Weise zu erfüllen, ohne in den Kreislauf des süchtigen Kaufens zu geraten.

Schritt 4: Achtsames Reflektieren nach dem Kauf
Wenn Sie einen Kauf getätigt haben, reflektieren Sie bewusst über das Erlebnis:

- **Wie fühle ich mich jetzt, nachdem ich gekauft habe?**
- **Hat der Kauf meine ursprüngliche Erwartung erfüllt?**
- **Welche langfristigen Auswirkungen könnte dieser Kauf auf meine Finanzen, mein Wohlbefinden oder meinen Lebensstil haben?**

Dokumentieren Sie Ihre Gedanken und Emotionen. Ziel ist es, Muster zu erkennen, die Ihnen helfen, Ihre zukünftigen Entscheidungen bewusster zu gestalten.

Schritt 5: Erstellen Sie eine „Bedürfnisliste"
Statt impulsiv zu kaufen, führen Sie eine Liste mit Dingen, die Sie wirklich benötigen oder die Ihnen langfristig Freude bereiten könnten. Überprüfen Sie diese Liste regelmäßig und wägen Sie ab, ob ein bestimmter Kauf immer noch notwendig oder wünschenswert ist. Diese Liste hilft, spontane Impulskäufe zu vermeiden und Prioritäten zu setzen.

Langfristige Integration der Übung
Wiederholen Sie diese Übung über mehrere Wochen und beobachten Sie, wie sich Ihr Kaufverhalten verändert. Mit der Zeit werden Sie feststellen, dass sich Ihr Bewusstsein für Ihre Konsummuster schärft und Sie in der Lage sind, emotional gesteuerte Kaufimpulse besser zu kontrollieren.

Fazit
Diese Übung dient nicht nur dazu, Ihr Konsumverhalten zu reflektieren, sondern auch, eine nachhaltige Beziehung zu Ihren Bedürfnissen und Wünschen zu entwickeln. Sie lernen, emotionale Auslöser zu erkennen und alternative Wege zu finden, um mit ihnen umzugehen. Letztendlich stärkt dies nicht nur Ihre Selbstkontrolle, sondern auch Ihr Gefühl von Autonomie und Zufriedenheit im Alltag.

9.3.2 Übung 2: Analyse des eigenen Konsumverhaltens

Diese Übung zielt darauf ab, Ihre persönlichen Konsummuster bewusst zu machen, zwischen Konsumsucht und Luxussucht zu unterscheiden und die emotionalen sowie sozialen Auslöser hinter Ihren Kaufentscheidungen zu identifizieren. Nehmen Sie sich 20 bis 30 Minuten Zeit und führen Sie die folgenden Schritte durch.

Schritt 1: Erstellen Sie eine Konsum-Timeline

- Notieren Sie alle Käufe der letzten zwei Wochen in einer Liste. Geben Sie an, was Sie gekauft haben, wie viel es gekostet hat und ob der Kauf geplant oder impulsiv war.
- Markieren Sie jene Käufe, die Sie als besonders bedeutsam oder emotional empfunden haben (z. B. etwas, das Sie aus Frust, Freude oder Stress gekauft haben).

Schritt 2: Hinterfragen Sie Ihre Motive

- Wählen Sie drei Käufe aus Ihrer Liste aus, die Sie genauer analysieren möchten. Schreiben Sie zu jedem Kauf:
  1. Warum haben Sie dieses Produkt gekauft?
  2. Was haben Sie dabei gefühlt (z. B. vor, während und nach dem Kauf)?
  3. Hatten Sie das Gefühl, dass der Kauf ein Bedürfnis erfüllt hat, oder diente er einem anderen Zweck, wie etwa der Bewältigung von Stress oder dem Wunsch nach Anerkennung?
  4. Hatten Sie vor dem Kauf den Eindruck, dass dieses Produkt Sie glücklicher oder zufriedener machen würde?

Schritt 3: Differenzieren Sie zwischen Konsumsucht und Luxussucht

- Reflektieren Sie, ob Ihr Kaufverhalten eher impulsiv und auf den Akt des Kaufens selbst fixiert war (Hinweis auf Konsumsucht), oder ob der Kauf strategisch erfolgte und auf die symbolische Bedeutung des Produkts abzielte (Hinweis auf Luxussucht).
- Notieren Sie, ob soziale Medien, Werbung oder der Wunsch nach Anerkennung Ihre Entscheidung beeinflusst haben.

Schritt 4: Bewerten Sie die Auswirkungen

- Überlegen Sie, welche emotionalen und finanziellen Konsequenzen Ihre Käufe hatten. Hat der Kauf langfristig positive Effekte erzielt, oder blieb die Befriedigung nur kurzfristig?
- Analysieren Sie, ob Sie nach dem Kauf Gefühle von Schuld, Reue oder Unzufriedenheit empfunden haben.

Schritt 5: Entwickeln Sie alternative Strategien

- Überlegen Sie, wie Sie in Zukunft auf ähnliche Auslöser (z. B. Stress, soziale Vergleiche) anders reagieren könnten. Notieren Sie mindestens drei konkrete Strategien, wie Sie Ihre Emotionen oder sozialen Bedürfnisse ohne Kaufakt bewältigen können (z. B. durch Spaziergänge, Gespräche mit Freunden, kreative Tätigkeiten).

Schritt 6: Selbstreflexion und Zielsetzung

- Schreiben Sie abschließend ein kurzes Fazit Ihrer Erkenntnisse: Welche Muster haben Sie in Ihrem Konsumverhalten entdeckt? Wie möchten Sie in Zukunft bewusster mit solchen Situationen umgehen? Setzen Sie sich ein konkretes Ziel, um den Kreislauf der Konsumsucht oder Luxussucht zu durchbrechen.

Hinweis Wiederholen Sie diese Übung regelmäßig, z. B. alle vier Wochen, um Veränderungen in Ihrem Verhalten und Ihrer Selbstwahrnehmung zu beobachten. Achten Sie darauf, Ihre Fortschritte wertzuschätzen, auch wenn diese klein erscheinen mögen – jeder Schritt in Richtung eines bewussteren Konsumverhaltens ist ein Erfolg.

9.3.3 Übung 3: Reflexion des konkreten Konsumverhaltens

Diese Übung hilft Ihnen, die emotionalen und sozialen Mechanismen hinter Ihrem Konsumverhalten zu erkennen und bewusster mit Ihren Bedürfnissen umzugehen. Sie können diese Übung regelmäßig durchführen, um langfristige Veränderungen zu fördern.

Schritt 1: Rückblick auf die letzte Woche

- Erstellen Sie eine Liste mit allen Käufen, die Sie in der letzten Woche getätigt haben. Notieren Sie dabei:
  - Den gekauften Gegenstand oder die Dienstleistung.
  - Den Grund für den Kauf (z. B. Bedürfnis, Impuls, Belohnung, Stressbewältigung).
  - Ihre Emotionen vor, während und nach dem Kauf (z. B. Freude, Nervosität, Erleichterung, Schuld).

Schritt 2: Analyse der Auslöser

- Überprüfen Sie Ihre Liste und identifizieren Sie emotionale oder soziale Auslöser für die Käufe. Fragen Sie sich:
  - Hatte ich wirklich ein Bedürfnis nach diesem Kauf, oder habe ich versucht, eine innere Leere zu füllen?
  - War mein Kauf von äußeren Einflüssen wie Werbung oder sozialen Medien inspiriert?
  - Wie lange hielt das positive Gefühl nach dem Kauf an?

Schritt 3: Bedürfnisse klarstellen

- Listen Sie die Bedürfnisse auf, die hinter den Käufen stehen könnten (z. B. Anerkennung, Trost, Entspannung).
- Überlegen Sie alternative Wege, um diese Bedürfnisse zu befriedigen. Beispiele:
  - Für Anerkennung: Ein Gespräch mit Freunden oder Familie suchen.
  - Für Trost: Zeit für Selbstfürsorge wie ein Spaziergang oder eine Meditation einplanen.
  - Für Entspannung: Eine kreative Aktivität wie Zeichnen oder Schreiben ausprobieren.

Schritt 4: Persönliche Ziele formulieren

- Setzen Sie sich ein konkretes Ziel für die kommende Woche, z. B.:
  - „Ich werde vor jedem Kauf mindestens 10 Minuten innehalten und mich fragen, ob ich dieses Produkt wirklich brauche."

– „Ich werde alternative Aktivitäten ausprobieren, wenn ich das Bedürfnis verspüre, impulsiv etwas zu kaufen."

Schritt 5: Reflexion

- Am Ende der Woche reflektieren Sie, wie gut Ihnen die Umsetzung der Ziele gelungen ist. Welche Veränderungen haben Sie bemerkt? Welche Strategien waren besonders hilfreich?

9.3.4 Übung 4: Reflexion der persönlichen Konsumauslöser

Ziel der Übung: Diese Übung hilft Ihnen, die persönlichen Auslöser und emotionalen Hintergründe Ihres Konsumverhaltens zu identifizieren. Durch bewusste Reflexion können Sie Ihre Trigger erkennen und Strategien entwickeln, um impulsiven Käufen vorzubeugen.

Anleitung

1. **Konsumtagebuch führen:** Notieren Sie über eine Woche hinweg alle Käufe, die Sie tätigen – sowohl große als auch kleine. Dokumentieren Sie den Zeitpunkt, den Kaufgegenstand, den Preis und Ihre emotionale Verfassung vor und nach dem Kauf. Beispielhafte Fragen, die Sie sich stellen können:

    - Wie habe ich mich gefühlt, bevor ich den Kauf getätigt habe? (z. B. gestresst, gelangweilt, glücklich)
    - Warum habe ich mich entschieden, das Produkt zu kaufen? (z. B. ein Angebot gesehen, Langeweile, Wunsch nach Belohnung)
    - Wie habe ich mich nach dem Kauf gefühlt? (z. B. erleichtert, stolz, schuldig)

2. **Muster analysieren:** Am Ende der Woche überprüfen Sie Ihre Aufzeichnungen. Suchen Sie nach wiederkehrenden Auslösern oder Emotionen, die mit Ihrem Kaufverhalten verbunden sind. Fragen Sie sich:

    - Gibt es bestimmte Situationen, in denen ich besonders anfällig für Käufe bin?

- Welche Gefühle oder Gedanken treiben mich am häufigsten zum Kauf an?
- Waren die Käufe notwendig oder eher impulsiv?

3. **Alternative Strategien entwickeln:** Basierend auf Ihrer Analyse überlegen Sie, wie Sie in zukünftigen Situationen anders reagieren können. Wenn Sie beispielsweise feststellen, dass Sie oft aus Langeweile einkaufen, könnten Sie stattdessen eine andere Aktivität planen (z. B. ein Buch lesen, spazieren gehen oder eine kreative Tätigkeit ausüben).
4. **Erfolge und Rückschläge reflektieren:** Führen Sie die Übung für einen weiteren Monat durch, um Fortschritte und Herausforderungen zu dokumentieren. Schreiben Sie am Ende jeder Woche kurz auf, was gut funktioniert hat und was Sie noch verbessern möchten.

9.3.5 Übung 5: Kaufimpulse bewusst hinterfragen

Ziel
Diese Übung hilft Ihnen, spontane Kaufimpulse zu erkennen, zu hinterfragen und bewusstere Entscheidungen zu treffen. Sie unterstützt dabei, die manipulativen Mechanismen von Werbung und sozialen Medien zu durchschauen und impulsives Kaufverhalten zu reduzieren.

Anleitung
1. **Tägliche Kaufreflexion:**
Nehmen Sie sich jeden Abend 10 Minuten Zeit, um alle Käufe des Tages zu notieren – egal ob online oder offline. Beschreiben Sie kurz:

- Was haben Sie gekauft?
- Warum haben Sie es gekauft? (z. B. tatsächlicher Bedarf, Werbung gesehen, emotionale Stimmung)
- Wie haben Sie sich vor, während und nach dem Kauf gefühlt?

2. **Analyse von Kaufimpulsen:**
Wenn Sie das nächste Mal einen starken Drang verspüren, etwas zu kaufen:

- Halten Sie kurz inne und atmen Sie tief durch.
- Stellen Sie sich folgende Fragen:
    Brauche ich dieses Produkt wirklich, oder handelt es sich um einen spontanen Impuls?

Wie bin ich auf das Produkt aufmerksam geworden? (z. B. Werbung, Influencer, Empfehlung)
Wird mir dieses Produkt langfristig Nutzen bringen oder nur kurzfristige Befriedigung verschaffen?

- Notieren Sie Ihre Gedanken in einem Tagebuch oder einer Notiz-App.

3. **Wartezeit einführen:**
Bei geplanten oder impulsiven Käufen setzen Sie sich eine persönliche Wartezeit:

- Für kleine Anschaffungen: Mindestens 24 Stunden.
- Für größere Anschaffungen: Mindestens eine Woche. Nutzen Sie diese Zeit, um Ihre Entscheidung nochmals zu überdenken. Oft wird der Kaufimpuls in dieser Zeit schwächer.

4. **Bewusster Konsum als Ziel:**
Überlegen Sie am Ende der Woche:

- Wie viele Käufe haben Sie tatsächlich bereut?
- Welche Kaufentscheidungen waren durchdacht und notwendig?
- Welche Werbung oder Inhalte haben Sie beeinflusst?

Diese Übung fördert nicht nur die Selbstreflexion, sondern hilft Ihnen auch, bewusster mit Werbung und sozialen Medien umzugehen und impulsives Kaufverhalten langfristig zu reduzieren.

9.3.6 Übung 6: Die „Impulse unterbrechen-Strategie"

Ziel: Diese Übung hilft Ihnen, impulsive Kaufentscheidungen zu erkennen, bewusst zu hinterfragen und zu kontrollieren, bevor Sie handeln.

1. **Identifikation des Kaufimpulses:** Sobald Sie den Drang verspüren, etwas zu kaufen, halten Sie inne und nehmen Sie den Impuls bewusst wahr. Fragen Sie sich:

    - „Was hat diesen Wunsch ausgelöst?" (z. B. Werbung, soziale Medien, Stress)
    - „Wie fühle ich mich gerade?" (z. B. gelangweilt, gestresst, einsam)

2. **Die 24-h-Regel:** Verpflichten Sie sich, mindestens 24 h zu warten, bevor Sie den Kauf tätigen. Nutzen Sie diese Zeit, um über den Nutzen und die Notwendigkeit des Produkts nachzudenken.
3. **Alternativen finden:** Überlegen Sie, wie Sie den emotionalen Auslöser anders bewältigen können. Beispielsweise:
   - Gehen Sie spazieren oder machen Sie Sport, um Stress abzubauen.
   - Rufen Sie einen Freund an, wenn Sie sich einsam fühlen.
   - Beschäftigen Sie sich mit einer kreativen Tätigkeit wie Zeichnen oder Schreiben.
4. **Kauf bewusst hinterfragen:** Nach der Wartezeit stellen Sie sich folgende Fragen:
   - „Brauche ich dieses Produkt wirklich, oder wollte ich nur ein emotionales Bedürfnis befriedigen?"
   - „Habe ich etwas Ähnliches bereits zu Hause?"
   - „Wie werde ich mich fühlen, wenn ich diesen Kauf tätige – und wie werde ich mich fühlen, wenn ich es nicht tue?"
5. **Reflexion nach dem Kauf:** Wenn Sie sich für den Kauf entscheiden, reflektieren Sie anschließend über den Prozess:
   - „Wie habe ich mich während des Wartens gefühlt?"
   - „Hat der Kauf meine Erwartungen erfüllt?"

9.3.7 Übung 7: Finanzielle Reflexion und Zielsetzung

Ziel: Diese Übung hilft Ihnen, Ihre finanzielle Situation umfassend zu reflektieren, klare Prioritäten zu setzen und konkrete Schritte zur Wiederherstellung finanzieller Ordnung zu planen. Sie besteht aus drei aufeinander aufbauenden Phasen, die Sie in Ruhe und mit ausreichend Zeit bearbeiten sollten.

Phase 1: Bestandsaufnahme – Transparenz schaffen
1. **Sammeln Sie alle relevanten Unterlagen:**
   Erstellen Sie eine Übersicht über Ihre letzten drei Monate an Kontoauszügen, Kreditkartenabrechnungen und Barzahlungen. Nutzen Sie bei Bedarf digitale Tools oder drucken Sie die Unterlagen aus.

2. **Kategorisieren Sie Ihre Ausgaben:**
Teilen Sie Ihre Ausgaben in drei Kategorien ein:

- **Grundbedürfnisse:** Miete, Lebensmittel, Versicherungen
- **Wünsche:** Freizeit, Shopping, Abonnements
- **Ungeplante Ausgaben:** Impulskäufe, Verzugszinsen Summieren Sie die Beträge jeder Kategorie und ermitteln Sie deren prozentualen Anteil an Ihrem Gesamteinkommen.

3. **Identifizieren Sie „unsichtbare" Ausgaben**
Prüfen Sie kleine, wiederkehrende Posten, die Sie bisher nicht bewusst wahrgenommen haben (z. B. Kaffee unterwegs, App-Käufe). Diese summieren sich oft zu einem erheblichen Betrag.

Phase 2: Emotionale Auslöser verstehen
1. **Führen Sie ein Konsumtagebuch:**
Notieren Sie für eine Woche jeden Kauf, den Sie tätigen, einschließlich kleiner Beträge. Ergänzen Sie für jeden Eintrag:

- **Emotionale Lage vor dem Kauf** (z. B. gestresst, gelangweilt)
- **Motivation für den Kauf** (z. B. Belohnung, Ablenkung)

2. **Reflektieren Sie die Ergebnisse**
Analysieren Sie Ihr Konsumtagebuch. Gibt es wiederkehrende emotionale Auslöser für Käufe? Erkennen Sie Muster, wie z. B. Einkäufe in stressigen Momenten?

Phase 3: Ziele setzen und konkrete Schritte planen
1. **Definieren Sie finanzielle Ziele:**
Setzen Sie sich drei realistische, messbare Ziele, wie:

- „Ich werde meine monatlichen Ausgaben für Freizeitaktivitäten um 20 % reduzieren."
- „Ich baue einen Notfallfonds von 500 € in sechs Monaten auf."

2. **Erstellen Sie einen Budgetplan:**
Nutzen Sie das 50/30/20-Prinzip:

- 50 % Ihres Einkommens für Grundbedürfnisse
- 30 % für persönliche Wünsche
- 20 % für Ersparnisse und Schuldentilgung

3. Implementieren Sie Kontrollmechanismen

- Richten Sie automatische Überweisungen für Rücklagen ein.
- Setzen Sie eine 24-h-Regel: Bei nicht dringend benötigten Käufen warten Sie einen Tag und prüfen dann, ob der Kauf weiterhin notwendig erscheint.
- Nutzen Sie Finanz-Apps, um Ihre Fortschritte regelmäßig zu überwachen.

9.3.8 Übung 8: Das Konsum- und Werte-Tagebuch

Ziel der Übung: Diese Übung hilft Ihnen, die Balance zwischen „Haben" und „Sein" in Ihrem Leben bewusster zu reflektieren und zu gestalten. Sie lernen, Ihre Kaufentscheidungen und deren zugrunde liegenden Motivationen zu analysieren und Ihren Fokus auf immaterielle Werte zu lenken.

1. Vorbereitung:

- Besorgen Sie sich ein Notizbuch oder richten Sie eine digitale Notiz-App ein.
- Teilen Sie jede Seite in drei Spalten mit den Überschriften: *Was habe ich gekauft?*, *Warum habe ich es gekauft?* und *Wie fühle ich mich danach?*.

2. Durchführung:

- Notieren Sie für einen Zeitraum von mindestens einer Woche jedes Produkt oder jede Dienstleistung, die Sie kaufen.
- Reflektieren Sie bei jedem Eintrag, warum Sie den Kauf getätigt haben. War es ein notwendiger Kauf? Diente er der emotionalen Befriedigung oder der sozialen Anerkennung?
- ookumentieren Sie im Anschluss, wie Sie sich nach dem Kauf fühlen. Sind Sie zufrieden? Spüren Sie Schuldgefühle, Leere oder Freude?

3. Reflexion:

- Am Ende der Woche analysieren Sie Ihre Notizen. Suchen Sie nach Mustern: Kaufen Sie häufiger aus emotionalen oder praktischen Gründen? Welche Käufe haben Ihr Wohlbefinden tatsächlich gesteigert?
- Identifizieren Sie Bereiche, in denen Sie Ihre Konsumgewohnheiten bewusster gestalten können, und überlegen Sie, wie Sie mehr Fokus auf das „Sein" legen könnten, etwa durch Aktivitäten, die nicht mit Konsum verbunden sind (z. B. Zeit mit Familie, Natur, kreatives Schaffen).

4. **Langfristige Integration:**

- Setzen Sie sich wöchentliche oder monatliche Ziele, um die Balance zwischen „Haben" und „Sein" zu verbessern. Zum Beispiel könnten Sie sich vornehmen, einen bestimmten Kaufimpuls bewusst aufzuschieben oder durch eine nicht-materielle Aktivität zu ersetzen.

9.3.9 Übung 9: Werte reflektieren und Prioritäten setzen

Ziel der Übung: Diese Übung hilft Ihnen, Ihre persönlichen Werte zu identifizieren und zu priorisieren. Sie bietet eine Grundlage, um ein Leben jenseits der Konsumsucht aufzubauen, das auf Authentizität und innerer Zufriedenheit basiert.

Anleitung
1. **Vorbereitung:**
Nehmen Sie sich 20–30 Minuten Zeit und suchen Sie sich einen ruhigen Ort, an dem Sie ungestört sind. Halten Sie Papier und Stift oder ein Journal bereit.
2. **Werteliste erstellen:**
Schreiben Sie spontan alle Werte auf, die Ihnen wichtig erscheinen. Beispiele könnten sein: Familie, Gesundheit, Freiheit, Kreativität, Sicherheit, Freundschaft, Wachstum oder Nachhaltigkeit.
3. **Priorisieren:**
Wählen Sie aus Ihrer Liste die fünf wichtigsten Werte aus. Ordnen Sie sie nach ihrer Bedeutung für Ihr Leben, beginnend mit dem Wert, der Ihnen am meisten bedeutet.
4. **Reflexion:**
Überlegen Sie für jeden der fünf Werte:

- Warum ist dieser Wert mir wichtig?
- Wie spiegelt sich dieser Wert aktuell in meinem Leben wider?
- Gibt es Bereiche, in denen ich diesen Wert vernachlässige oder anders priorisieren sollte?

5. **Handlungsplan:**
Schreiben Sie für jeden der fünf Werte eine konkrete Handlung auf, die diesen Wert in Ihrem Alltag stärker verankern könnte. Zum Beispiel: Wenn „Gesundheit" ein zentraler Wert ist, könnten Sie sich vornehmen, regelmäßig Sport zu treiben oder bewusster zu essen.
6. **Kontinuierliche Überprüfung:**
Setzen Sie sich ein Ziel, Ihre Werteliste regelmäßig (z. B. monatlich) zu überprüfen und zu aktualisieren, um sicherzustellen, dass Ihre Prioritäten mit Ihren Lebensumständen und Zielen übereinstimmen.

9.3.10 Übung 10: Gestalten Sie Ihre persönliche Lebensvision

Ziel
Diese Übung hilft Ihnen, Ihre Werte und Prioritäten zu klären und eine klare Vision für ein bewusstes, erfülltes Leben jenseits von Konsum und Materialismus zu entwickeln.

Anleitung
1. **Rückblick und Reflexion:**

- Nehmen Sie ein Blatt Papier oder Ihr Tagebuch und beantworten Sie folgende Fragen:
  - Was hat mich in der Vergangenheit wirklich glücklich gemacht? Waren es materielle Dinge oder Erfahrungen, Beziehungen, Erfolge?
  - Welche Käufe bereue ich im Nachhinein? Warum?
  - Wann habe ich mich am meisten mit mir selbst und meinen Werten im Einklang gefühlt?

2. **Werte identifizieren:**

- Schreiben Sie drei bis fünf Werte auf, die Ihnen besonders wichtig sind (z. B. Familie, Gesundheit, Kreativität, soziale Verantwortung).
- Überlegen Sie, wie diese Werte sich aktuell in Ihrem Leben widerspiegeln und ob Ihr Konsumverhalten damit im Einklang steht.

3. **Ziele setzen:**

- Formulieren Sie konkrete Ziele, die Ihre Werte fördern. Zum Beispiel:
  - „Ich möchte mehr Zeit mit meiner Familie verbringen, statt mich auf materielle Besitztümer zu konzentrieren."
  - „Ich möchte achtsamer konsumieren, indem ich vor jedem Kauf überlege, ob er wirklich notwendig ist."

4. **Schritte planen:**

- Entwickeln Sie praktische Schritte, um Ihre Ziele zu erreichen. Diese könnten sein:
  - Reduktion von Impulskäufen, indem Sie eine 24-h-Bedenkzeit vor jedem Kauf einlegen.
  - Investieren in Erlebnisse statt in Gegenstände, z. B. einen Ausflug oder ein gemeinsames Essen mit Freunden.

5. **Visualisierung:**

- Schließen Sie die Augen und stellen Sie sich vor, wie Ihr Leben aussieht, wenn Sie diese Veränderungen umsetzen. Wie fühlen Sie sich dabei? Was hat sich verbessert?

6. **Regelmäßige Überprüfung:**

- Planen Sie einmal wöchentlich eine kurze Reflexion: Welche Schritte haben Sie umgesetzt? Wo gibt es noch Herausforderungen? Wie können Sie weitermachen?

Dauer

30–45 Minuten für die Erstausarbeitung, 10 Minuten pro Woche zur Überprüfung.

Nachwort

Dieses Buch war für mich nicht nur ein Schreibprojekt, sondern eine Reise – eine Reise, die mich dazu gebracht hat, unser Verhältnis zu Konsum, Besitz und den zugrunde liegenden psychologischen Mechanismen aus einer völlig neuen Perspektive zu betrachten. Es ist leicht, in einer Welt, die von Werbung, sozialen Medien und materiellen Werten dominiert wird, den Überblick zu verlieren. Doch während des Schreibens wurde mir immer deutlicher, wie tief diese Themen in unser Leben eingreifen und wie stark sie unser Denken, Fühlen und Handeln beeinflussen.

Ich habe gelernt, dass Konsum weit mehr ist als der Akt des Kaufens. Es ist ein Spiegel dessen, was uns antreibt, was uns fehlt und wonach wir suchen. Oft kaufen wir nicht Dinge, sondern die Idee von Glück, Erfüllung oder Zugehörigkeit. Doch dieser Weg führt uns selten zu dem, was wir wirklich brauchen. Stattdessen lenkt er uns ab von dem, was im Leben wirklich zählt: echte Verbindungen, bedeutungsvolle Erfahrungen und das Bewusstsein für den Moment. Mit diesem Buch wollte ich nicht nur die Mechanismen der Konsum- und Luxussucht beleuchten, sondern auch dazu anregen, innezuhalten und sich die grundlegende Frage zu stellen: *Was macht mich wirklich glücklich?* Die Antworten darauf sind für jeden von uns unterschiedlich, aber ich hoffe, dass die Reflexionen und Übungen in diesem Buch Ihnen dabei helfen, Ihre eigenen Antworten zu finden.

Veränderung ist ein Prozess, der Zeit, Geduld und Mut erfordert. Es gibt keine schnellen Lösungen, und Rückschläge gehören dazu. Doch jeder kleine Schritt in Richtung eines bewussteren Lebens ist ein Schritt, der sich lohnt. Wenn dieses Buch dazu beigetragen hat, Ihre Perspektive zu erweitern, Ihre Beziehung zum Konsum zu überdenken oder Sie inspiriert hat, etwas Neues auszuprobieren, dann hat es seinen Zweck erfüllt.

Zum Abschluss möchte ich Ihnen danken – für Ihre Offenheit, Ihre Zeit und Ihr Engagement, sich mit einem so zentralen und gleichzeitig herausfordernden Thema auseinanderzusetzen. Die Tatsache, dass Sie dieses Buch bis zum Ende gelesen haben, zeigt, dass Sie bereit sind, etwas zu verändern, und das ist der wichtigste Schritt von allen.

Ich wünsche Ihnen von Herzen, dass Sie Ihren eigenen Weg zu einem bewussteren, erfüllteren Leben finden – einem Leben, das nicht von Konsum bestimmt wird, sondern von den Werten und Beziehungen, die Sie wirklich bereichern.

GPSR Compliance

The European Union's (EU) General Product Safety Regulation (GPSR) is a set of rules that requires consumer products to be safe and our obligations to ensure this.

If you have any concerns about our products, you can contact us on

ProductSafety@springernature.com

In case Publisher is established outside the EU, the EU authorized representative is:

Springer Nature Customer Service Center GmbH
Europaplatz 3
69115 Heidelberg, Germany

www.ingramcontent.com/pod-product-compliance
Lightning Source LLC
LaVergne TN
LVHW020332260326
834688LV00037B/987